JN156722

頑張りすぎている
からだとこころを休ませる本

ゆるめる自分

神田恵実

WANIBOOKS

あわただしく過ぎる毎日の中で
バランスを取りながら、よりしなやかに
柔軟に生きていくことがたいせつになってきました。
外から帰って、部屋着のまま過ごす時間が増え
いつしか「パジャマ」に着替える習慣がなくなりました。
スマホの普及により、たくさんの情報が頭の中に入り
ゆっくりお風呂に入った後でも、眠る前まで
携帯を見てあれこれ思いを巡らせている。
すると眠りモードに入り始めた自律神経が活発になり
女性に必要なホルモンの分泌が遠のいてしまう。
日々、頑張っているからだをゆるめることは
いつも緊張している自律神経を休めることです。

まずは深く眠ってください。
深い深いところをゆるめて、休ませてあげること。
私たちは、休むことにより積極的に取り組まないと、
芯からのリラックスが得られない
複雑な情報社会の中で生きているのだと思います。
まずはしっかり眠ってこころとからだを休めることから。
すると自分の中に余白が生まれます。
自分を大切にすることは、やさしさにつながります。
ゆるめることとは、生き方を変えること。
より健康で、余裕があって、何事にも前向きな
しなやかで美しい女性を目指して。
もう頑張りすぎを卒業して、思い切り、ゆるんでください。

みんな頑張りすぎている

「自分の人生に満足していますか？」「毎日を楽しんでいますか？」「いまの自分が好きですか？」

こんな問いに「私、いまの人生１００％楽しんでいます！」と即答できたら最高ですね。でも多くの方が「どうかな」と考えてしまうかもしれません。人生を楽しみたいと思っているのに、実際は駆け足のように月日が過ぎてゆく。自分の人生なのに、ゆっくりと考える時間は、とても少ないのではないでしょうか。

仕事にプライベートにと張り切りすぎて肩に力が入っているひと、子育てに一生懸命すぎて自分のことは二の次になっているひと、充実した自分を演出するために無理をして疲れてしまっているひと……みんな交感神経が優位になりがちです。

私はかつて、ファッション誌の編集の仕事をしながら、オーガニックコットンの

肩に力が入っていませんか？

肌触りに出会い、ナイトウエアを趣味のように作り始めました。着始めてから自分のこころとからだが驚くほど元気になった経験をもとに、着ごこちを通して、からだをゆるめることのたいせつさを、「ナナデェコール」というブランドとして育み、伝えてきました。２００5年のスタート以来、多くの女性たちを見てきて、とくに最近、働く環境や忙しさも増し、からだが緊張し続けている、慢性的に疲れている方が増えていると感じています。本書はそんな頑張りすぎ、無理のしすぎでバランスを崩している女性へのメッセージです。

私たちが人生の中で目指したいのは、自分の理想的な生き方を全うすること。
しかし現実は忙しく、毎日を充実させるつもりが、予定を詰め込みすぎて走り続けたり、仕事に没頭し寝る間もなく働いたり、育児や家事を完璧にこなそうとしたり。つい目の前にあることに、のめりこんでしまいがちです。プライベートも含めて自分にタスクを課して、頑張りすぎてしまうことが多いのだと思います。

自分を大事に
していますか？

無理して
疲れていませんか？

疲れている女性が多いことは深刻です。いつもどこか体調が悪い。生理痛がある、偏頭痛がする、からだがだるい、朝起きるのがつらい。それを持病や、自分の体質みたいに考えていませんか？　からだの不調は何かのサイン。そんなときほど立ち止まって、不調の原因を探ってみるチャンスだと思ってください。

「自分が楽しい、うれしい」と思える、自分らしい生き方。仕事もその延長にあるものです。まずは食べる、眠る、など当たり前の習慣を見直すだけで、格段にからだが楽になります。からだの調子が整ってくると、自然とこころが安定してくる。すると生活の質がどんどんよくなってきます。

ときどきちょっと立ち止まって、自分なりのリズムや思いを見つめ、ゆっくり自分をいたわってあげてください。凝り固まっていては見えないものが、見えてくるはずです。一度きりの人生を楽しむために。まずは少しずつ、自分をゆるめてあげてください。

目次

第2章 食べること

第3章 出すこと

第4章 暮らすこと

第5章 肌ごこち

第6章 こころがけ

第 1 章

眠ること

頑張りすぎたからだの疲れや、ストレスがかかったこころのリセットにも、睡眠は一番の特効薬です。深い眠りがこころとからだの緊張をとり、ゆるめてくれます。まずは眠りの質や深さから見直してみましょう。

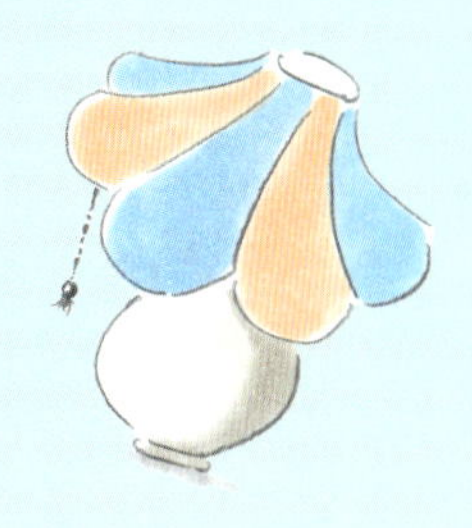

ゆるめるMemo

香りは瞬間的に脳の視床下部を刺激し、自律神経を整える即効性があるので、アロマオイルなどは積極的に試してみたいもの。鎮静作用のあるベルガモット、柚子やラベンダーのアロマオイルも副交感神経が優位になるので眠るときに有効です。化学合成の香りは避けて、天然の、できればオーガニックなものを選びましょう。また、不眠の方にはバレリアンのハーブティーなどもおすすめです。

眠りは、自分でできる最大の癒し

眠ること。それは健康の源となるもの。よく眠れていれば、健康になれるともいえます。ところが眠れないなどの悩みを持つひとがすごく多い。眠り方も、眠りの悩みもそれぞれです。

睡眠は、まいにち何気なく過ごしている日常の習慣です。この「よく眠る」習慣さえ身につけてしまえば、いろんな好循環につながるのです。

日々の生活の中で、私たちは知らないうちにいろんな疲れを抱えています。ひとに気を使うことや、ストレスを感じたときの精神的なもの。そして純粋に肉体的な疲れ。

これがだんだん溜まってしまうと、慢性的にどこか調子が悪かったり、病気の原

因につながったりもしてしまう。温泉やマッサージなど、癒しを外に求めても、一時的な解決法にしかなりません。日々の疲れを溜めずに、どうリセットするのか。その特効薬こそが、日々の深い睡眠です。

ひとは、眠っている間に生まれ変わるといっても過言ではありません。受けたダメージを修復し、新しい細胞を作り出す。肉体的な疲れも、脳のストレスさえもリセットされます。

睡眠こそが、まさに元気の源。深く眠ることで、温泉やエステにも勝る、美しさと若々しさもキープすることができる。こころとからだをゆるめるための、自分でできる最大の癒しなのです。

人生を、より前向きに楽しむために。

もっと「眠る」ことに、真剣に取り組んでみませんか？

頑張りすぎるひとは眠れない

私は若い頃、夜中に集中して仕事をするのが好きでした。パソコンに向き合い、いつも気づけば2時過ぎ。それから眠ってもなかなか寝つけず、もちろん朝はスロースタート。寝起きはダルく、いつも疲れている。仕事が楽しいからこそ、無理をしてしまう。いま思うと、しっかり休む、という時間を持っていませんでした。

不規則な生活をしていると、眠る時間もまちまちになります。頭がハイパーになっているので、ベッドに入っても、なかなか寝つけない。寝つけないからパソコンを開く、そして眠気が遠のく、という悪循環。

自分が思っている以上に、からだは敏感。パソコンやスマホを見るだけで、眠るためのホルモン分泌は、すぐにひっこんでしまいます。ちょっと気がかりなことがあれば、自律神経がざわつきます。どれも、入眠を妨げる要因です。

あれもこれもやらなきゃいけない、と自分を鼓舞して頑張りすぎると、結果的に自分のからだにかえってきます。とくに年齢を重ねていくうち、無理をしているツケが、更年期障害や不眠症など、症状として現れてきます。そうなってからでは遅いですよね。

若い頃は、無理をしても大丈夫と思っていました。疲れがマックスになれば眠れていたのも事実。しかし、徐々にからだのバランスは崩れていて、それが一気に症状として出てくるときが来ます。ひとそれぞれ、慢性的な持病につながりかねない。それが深い眠りで予防できるとしたら？　年齢を重ねるほど、忙しいひとほど「眠る」ことに積極的に取り組んでみてください。

睡眠不足は自分がどんな状態かを知ることから

みなさんはいま、睡眠が足りていますか？　まずは、そのチェックをしてみましょう。

□　お昼ご飯のあとに眠くなる
□　週末に寝だめをしている

これは、睡眠不足の証拠。睡眠時間が足りていないか、眠っていても質が悪いかのどちらかです。このような睡眠不足が少しずつ積み重なり、からだに影響を与えることを「睡眠負債（すいみんふさい）」と呼び、昨年（２０１７年）から大変な話題になっています。

量が足りていない場合は、入眠の時間を30分、1時間と少しずつ早める努力を。朝起きる時間は、だいたい決まっているもの。少しでも早寝をして、1週間トータルである程度の睡眠を確保してみてください。

また良質な睡眠は、決まった時間に眠り、起きる、この習慣づくりがたいせつ。ほんらい、人は寝だめができないので、週末の寝坊もプラス2時間くらいにとどめ、その晩もしっかり眠れるよう、リズムを乱さないようにしたいところです。

□　寝ているのに朝起きられない

これは、前夜の夕食をチェック。遅い時間にヘビーなものを食べると、寝ている間も胃腸が消化で活発に動くため、睡眠の妨げになるだけでなく、ホルモンバランスの乱れにもつながります。消化のいいものにするなど、食事の内容を心がけて。

適した睡眠の時間やリズムは、ひとによって違います。まずは次の日の体調を分析し、自分が何時から、何時間眠るのがベストかを探ってください。目覚めがいいか、頭がすっきりしているか、疲れが取れているか、を観察するのです。起き抜けにすぐ、スイッチオン！　で元気よく過ごせたら、自分のベストな睡眠状態をキープできている証拠です。

眠れない原因を探ってみよう

眠りのワークショップを開催すると、ほとんどの方が何かしらの悩みを抱えています。まずはその原因が何にあるのか、その根本を探ってみてください。

第一に心理的ストレス。人間関係や仕事のトラブルなど、眠れなくなった時期から、自分にとって負担になっていることはありませんか？

第二にからだのトラブル。生理痛、冷え、喘息（ぜんそく）や皮膚のかゆみなど、眠りを妨げる症状はありませんか？

第三に精神的ストレス。不安なこと、気がかりなことがあって出不精になったり、食欲が低下したり、といったことはないですか？

第四に刺激物の摂取。アルコールやタバコ、カフェインは、眠りについたあとに目が冴える「中途覚醒」を引き起こす大きな要因です。

第五に生活リズムの乱れ。残業や夜更かし、無理なシフトの仕事や時差ぼけなど、からだのリズムが定まらない生活をしていませんか？

第六に環境の問題。寒い、暑い、うるさい、明るいなど、眠りを妨げる要因がふだんの生活にありませんか？

第七に生活習慣の乱れ。運動不足である、昼間に日光に当たっていないなど、ひとの営みとして当たり前の要素が足りていないということはありませんか？

眠れない、眠りが浅い、という方には必ず何か理由があります。要因はひとつではなく、重なり合うもの。そのひとつひとつを、見直してみましょう。

からだのスイッチを切り替えるコツ

家に帰って着る部屋着。お風呂から上がって、そのまま同じものを着て寝ている方も多いのではないでしょうか。また朝シャワー派の方はお風呂に入らず、そのままベッドで夜中まで携帯を見ている場合もあるかもしれません。

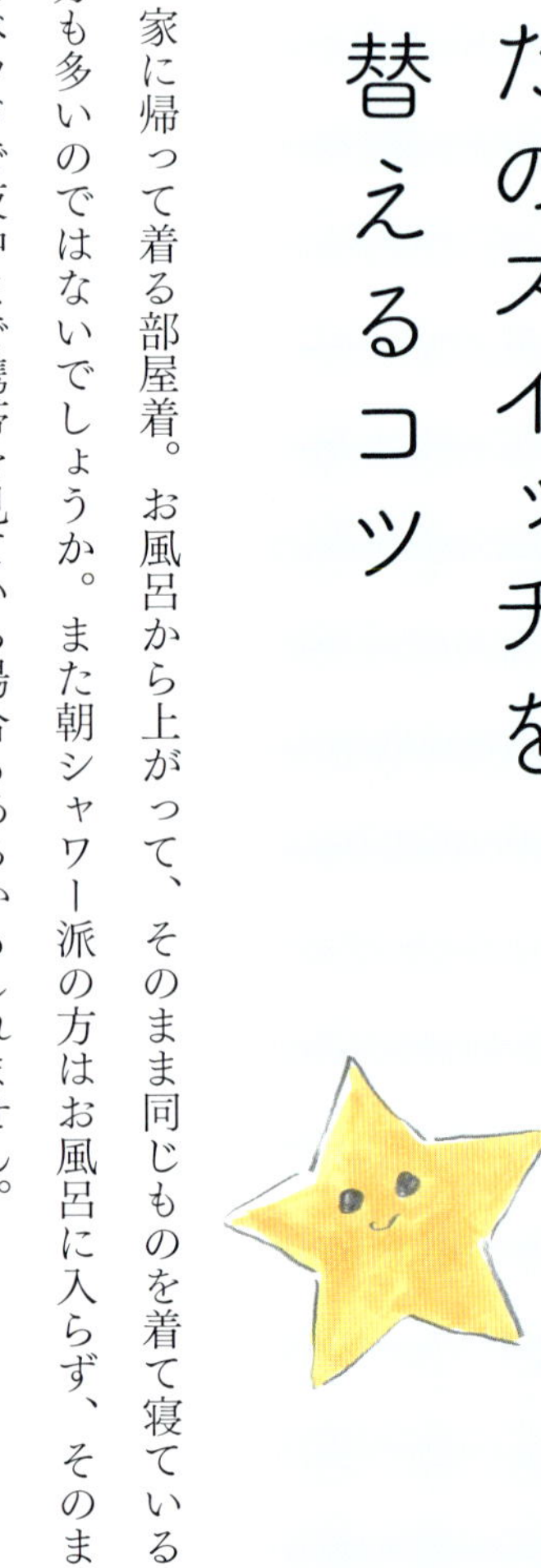

私たちの生活は、知らないうちに、からだのスイッチが切り替えづらくなっています。スマホからたくさんの情報が頭に入り、何かしら気になることが増え、いつも自律神経はざわついています。それを落ち着けて、深く眠りたい。そう思うならオンモードからオフモードへと、神経を休ませてあげるきっかけが必要です。

その切り替えスイッチのひとつが入浴です。気持ちやからだへ切り替えのサインを送るのに有効なので、短時間でもいいから、夜入るのがおすすめ。好きな香りの入浴剤を入れて、低温のお湯で、しっかりと湯船に浸かります。

そしてお風呂上がりには、家に帰って着替える部屋着をまた着るのではなく、気持ちのいい肌触りの、眠るとき専用のパジャマに着替えましょう。これも、睡眠導入のサインとなります。そしてからだの火照り(ほて)が静まった頃、ベッドに入ります。

赤ちゃんが眠る前に手足が温かくなるように、ひとは手足から熱を放出し、体内の深部体温を下げながら深く眠ります。からだの火照りがあると布団の中で汗をかいてしまうので、入浴後すぐではなく、少し落ち着いた頃がいい。からだが冷えてしまうと、深部体温が下がりづらく、眠りが浅くなります。手足が冷えやすい方は、お風呂上りにすぐソックスをはいてみてください。

お風呂→入眠のタイミングを逃さない！

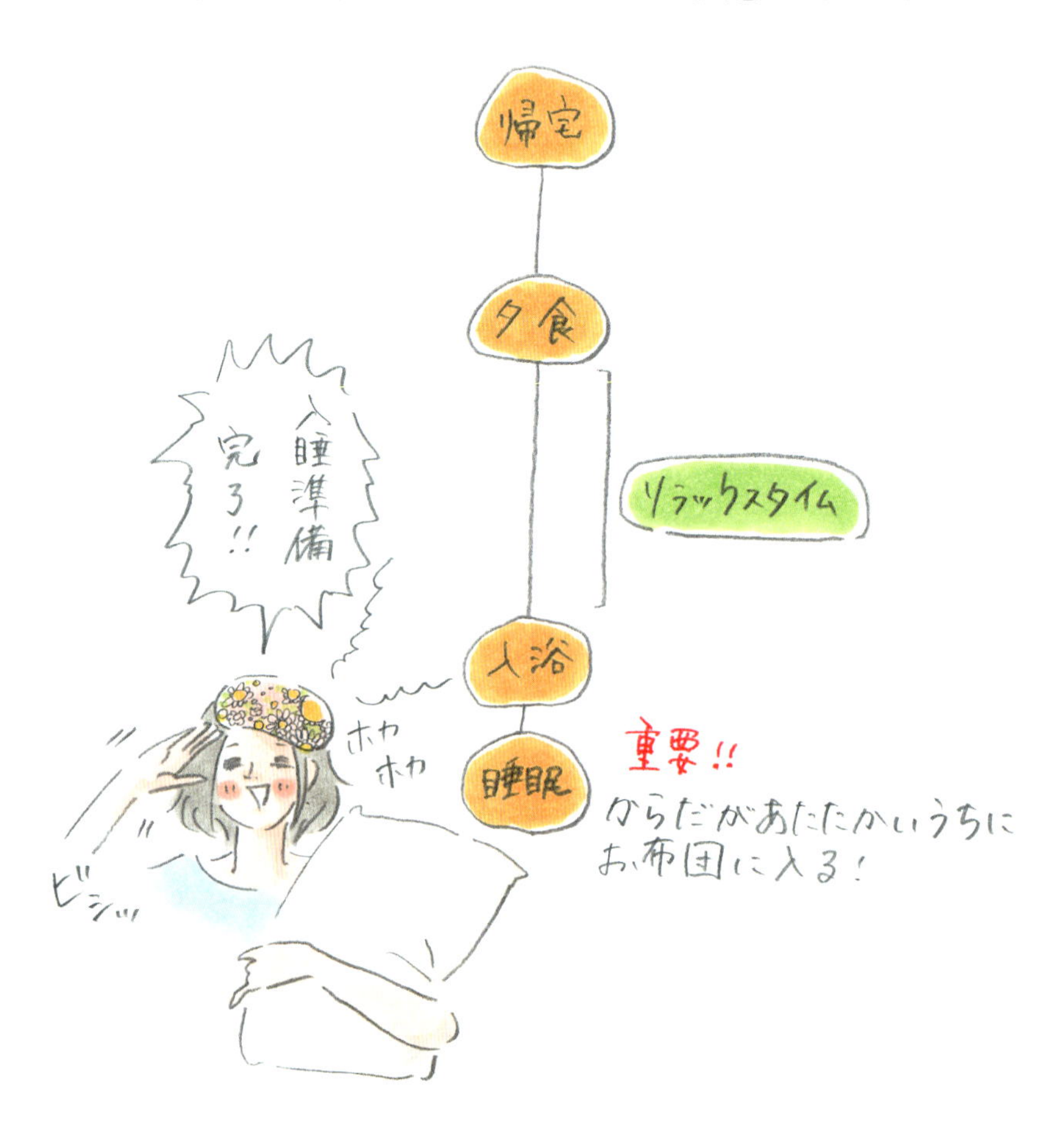

ベッドを「眠るためだけの場所」にする

ベッドが気持ちよく、お気に入りの場所になると、ひとはそこに「早く帰りたい」と思うようになります。逆に眠れないとき、そのままベッドでずっとゴロゴロしていると、ベッド=眠れない場所だと、脳が認識をすることがあります。

ふだん寝つきが悪い人は、寝室を「気持ちよく眠るための場所」として、脳にインプットするといいので、寝室の環境づくりに取り組んでみてください。

まずここちよいものを揃え、自分がリラックスできる環境を作りましょう。私は家の中の一番景色がいい部屋、窓から緑が見え、日が差し込む部屋を寝室にしています。また静かであることも大事。寝室の位置も表通りに面していない場所を選ぶなど、工夫をすればかなり騒音を避けることができます。

眠れないときは、必ず気持ちのリセットをしましょう。ソファで本を読むなど、別の場所で過ごし、眠くなってきたときにベッドに戻るようにするのです。すると、ベッド＝眠りの場所と脳にインプットされてきます。

寝つきの悪い方の中には、ソファでは気持ちよく眠れているのに、ベッドに移動した途端に眠くなくなる、というケースも。ソファでも、せっかく寝つけていたのであれば、それで大丈夫。ベッドに戻らなきゃ、と思うだけで眠りが浅くなります。眠れない人にとっては、眠らなきゃという気持ちがプレッシャーになることもありますから、逆に「ソファでなら私は眠れる」「本を読んだら眠れる」など短い眠りでも肯定的に考えてみてはどうでしょう。少しずつ眠りを貯めていけば、次第に長く眠れるようになります。

ちなみにパソコンやスマホなど、眠れないからといってベッドルームに持ち込むのは厳禁です。ブルーライトが脳を覚醒させてしまい寝つきが悪くなるだけではなく、たとえ眠れていたとしても、睡眠の質が格段に下がっています。

ベッド＝眠りの場所と脳にインプット

くつろぐ以外のことを
ベッドでやっていませんか？
ベッドでPC
ダメ！
えッ
薄着
ダメ！
ベッドで
仕事
ダメ！

眠る前のスマホを避けたい本当の理由

眠気に逆らってスマホを見ていると、ぴたっと眠気がなくなることがあります。せっかく分泌され始めた成長ホルモンをひっこめる、ブルーライトの威力。スマホが不眠に直結する理由は「何を見るか」にも関係します。気になるニュースやSNSを見て気持ちがざわつくなど、とくに夜は感情が過敏になりがち。自律神経は一度ぶれると、落ち着くまでに2時間かかるといわれています。眠る前は、気持ちをアップダウンさせる情報を入れないことがたいせつです。

本当は入眠の2時間前にやめたいスマホ。どうしても見たいなら、画面の光をぐっとおさえて、好きなものだけ。幸せな気分をキープできるものに。使い方をポジティブな方向に変えながら、ほどほどに楽しむ。それが、寝る前の鉄則です。

こころをザワつかせる情報は ますます眠れなくなる原因に

自分ならではの入眠アイテムを

安定した深い眠りを習慣にするために、自分らしい入眠アイテムを持つことをおすすめします。

私の場合、一番が着ごこちのいいナイトウエアと締めつけのないソックス。そして次にアイマスクです。光が強い新幹線の車内や旅先などにはもちろん、毎日使うデイリーアイテム。肌触りのやさしいアイマスクは目に乗せるだけで、一瞬でからだが睡眠モードへとスイッチが変わるので、すぐに寝落ちできるようになります。

この3点は、旅行や出張に行くときにもかならず持って行きます。睡眠の必需品ですから、忘れると落ちつかないアイテムです。スペースに余裕があれば、タオルも持参。たとえ殺風景なビジネスホテルでも、これらのアイテムがあれば瞬間的に自分の世界に入ってしまえるので、ベッドさえあれば深く眠れるという、入眠のお守りのような存在です。

神経が高ぶっているときは、好きな香りを。私は化学合成した香りではなく、天然由来、オーガニックの精油やコスメで、お気に入りを揃えています。香りは鼻の粘膜からダイレクトに脳に届き、即効性があります。

バスタイムに好きな香りを使って、湯船にしっかり浸かるのも落ち着きます。とくに頭をたくさん使った日、目が疲れている日など、私は上を向いて鼻と口だけ出した状態にして、湯船に頭まで浸かってしまいます。ガチガチになった頭と、目の疲れをゆるめておく。そしてお風呂上がりにオーガニックのスーッとするヘアトニックで頭をマッサージして、リフレッシュします。

こんなふうに、自分をゆるめるためのお守りアイテムをひとつずつでも、持ってみましょう。

入眠アイテムがからだを
睡眠モードに変えるスイッチに！

電気をリリースし、運が開ける寝具選び

私たちのまわりには、テレビや無線ＬＡＮ、携帯電話など、さまざまな電波があり、からだや自律神経に悪影響を及ぼしています。

さらに私は、静電気も苦手。ですから睡眠は疲れとともに、電磁波や静電気などをリリースする時間でもあります。からだに溜まった電気を放電し、ゆっくり眠るのです。

そのための寝具選びとして、たいせつなのは静電気が発生しやすい化繊を控えること。とくに冬は静電気が起きやすいこともあり、毛布はできるだけ天然素材のものを使うと気持ちがいいです。

私の場合、オーガニックコットンの毛布を通年使っています。起毛しているの

で、夏はやさしい肌触りが素肌に触れて最高に気持ちよく、冬は掛け布団の上にかけると、空気の層ができてとても温かく、通気性がいいので汗をかいたときでも蒸れずに快適。家でお洗濯できるのもうれしい。

またシーツや枕カバーも、もちろんすべてオーガニックコットンで、こまめに替えるようにしています。シーツを毎日替えるのは大変ですが、枕カバーは薄くて乾きが早いので、何枚か持ってローテーションをするのがおすすめです。

こうして寝具にまでこだわりを持つと、以前に比べて驚くほど眠りが深くなり、ぐっすり眠ったな、という満足感が出てきます。

すると心身ともに疲れた日でも「眠れば大丈夫」と思えて、自分の体力やコンディションに自信がつきます。そして眠りにつくたびに充電されているな、と実感することができるようになるのです。

アレルギーを防ぐために

お日様に干したお布団は、ふかふかで温かい。私は晴れた日は毎日でもお布団を干したいほど、このふんわりとした太陽の香りが大好きです。お布団が気持ちいいと、眠りの満足度も深まります。寝具のここちよさもたいせつな要素です。

睡眠障害の原因のひとつに、喘息や皮膚のかゆみなど、ダニやハウスダストによるアレルギーの症状があります。現代では、実に多くの方がこのアレルギーに悩んでいるといわれています。

布団には、みなさんご存知の通り、ダニが生息しています。ダニは布団を丸洗いしても死滅しないほどの生命力。できるだけ清潔な寝具で、快適さを保ちたいもの。カバーやシーツをこまめに洗うことはもちろんですが、たとえばダニをシャット

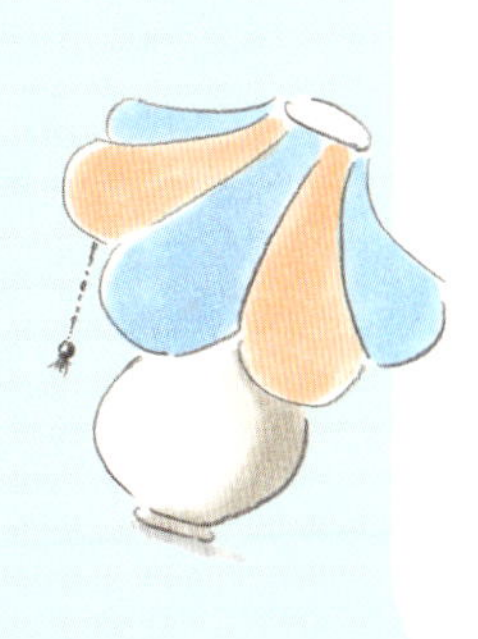

アウトする寝具もあります。私は特許の技術で高密度に織った生地をカバーリングに使った、縫い目の穴からもダニが侵入しないというものを愛用しています。中にダニが入らないので、つまり繁殖もしないという仕組みです。

温かな布団の代名詞でもある羽毛布団は、獣毛が大好物であるダニの温床。ですが高密度のカバーをかければ、フケや垢(あか)という餌も中に入らず、完璧にシャットアウト。ハウスダストが苦手な方、さらに花粉症の方は、干したお布団に、部屋干しをしたカバーをかければ、快適に、安心して眠ることができます。

布団は眠っている間にかいた汗を吸い、湿気を含みます。冬はその湿気がひんやりとした感触になり、温かさも半減します。マンションなどで、布団を干せないという方は、まずはハウスダストやダニを防ぐ対策を。その上で、布団乾燥機を使って湿気を除去すれば、布団を干せなくてもふかふかで、気持ちよい眠りが手に入るでしょう。

アレルギーが気になる人は ダニを寄せつけない寝具を

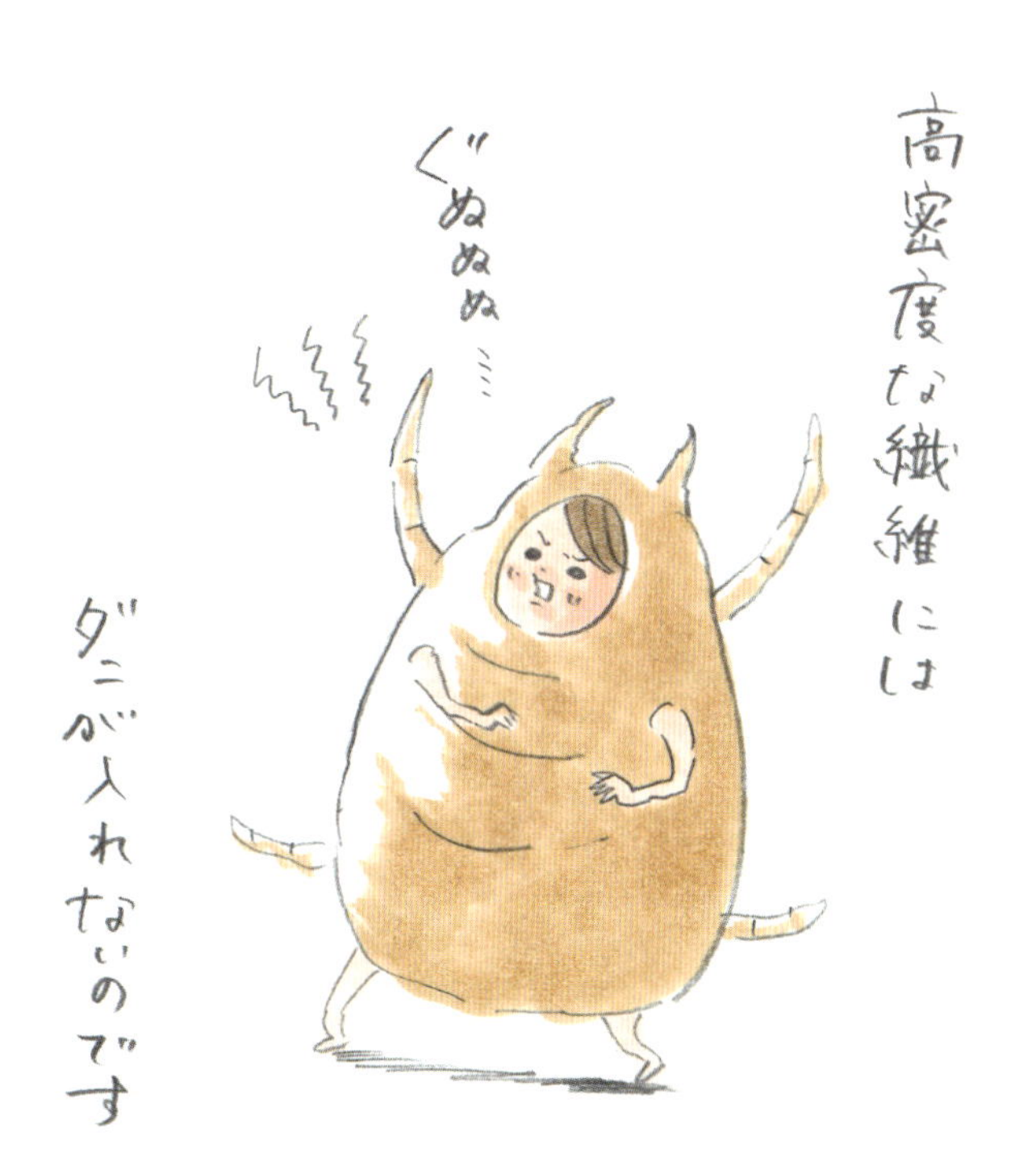

高密度な繊維には
ぐぬぬぬ…
ダニが入れないのです

嗜好品に気をつける

私たちのまわりには、睡眠を妨げるいろいろな誘惑があります。若い頃は何を飲んでも食べても、関係なくすぐに眠れていたのに、年を重ねるほどにホルモンの分泌量が低下するため、ちょっとした要因で不眠につながることがあります。

たとえば、外食が多い、食事の塩分が濃い人は要注意です。おのずと水分量が増え、排出が追いつかないと体内の水分が足に溜まり、むくみにつながります。すると足先の冷えにも直結し、寝つきを妨げることに。また眠るときに横になると、足に溜まっていた水分がお腹に戻ってきて、夜中にトイレに行きたくなることも。さらに高齢になると、深夜のトイレでの転倒は、深刻な問題につながります。

「寝酒」といわれるように、アルコールは眠りを誘発してくれるように感じていいま

す。しかし、これが現代病の原因にもなるようです。

お酒やタバコ、コーヒーには不思議な「覚醒水準調節」という作用があります。興奮状態には鎮静を、リラックス状態には興奮をもたらすもの。たとえばイライラや緊張しているときは、お酒やタバコがリラックスさせてくれるし、眠気が強い人は、コーヒーで一時的に目が覚めます。

夜、お酒を少し飲むと確かにリラックスできますが、次第に覚醒作用が働き、眠ろうとするまでにはかなりの量が必要です。すると一旦は眠っても中途覚醒し、トイレの回数が増えてしまう。眠りが浅いので、結局は疲れもストレスも解消されず、夜またそれらを発散するためにお酒を飲んでしまう。アルコールは飲むと耐性ができるので、どんどん量が増え、慢性的に浅い眠りが続くことで、悪循環に入ってしまいます。アルコールやカフェインなどの刺激物は、入眠の3時間前までが理想。日本人はストレスを抱えがちなため、お酒で気晴らしをするひとが多いですよね。でもストレスを発散するにも、眠りが必要なのです。

眠り方で体調を整える

私は常に、その時々の状況に合わせて、眠り方を変えながら、自分のこころとからだを整えています。1年のうちでも、人とたくさん会って物事を進めていく前向きな時期、疲れが出る時期、こもって仕事をする時期など、月ごとに体調やテンションの変化があります。さらに生理の前など、日によってもリズムがある。

女性は年齢を重ねると、ＰＭＳ（月経前症候群）や更年期障害など、調子が悪い要因が増えてきます。ちょっと体調が悪い時期を軽やかに乗り切るために、睡眠を上手に使いましょう。

たとえば、疲れている時期、生理の前は睡眠時間を長めにします。イレギュラーな予定は入れず、調子が戻るまで、まるで冬眠のように、しっかりとエネルギーを蓄えていくのです。

ふだんは眠る時間を確保するために、何時までに帰り、どんな食事をして、とスケジュールをチェック。食事が遅くなる日は眠りに支障が出るので、メニュー構成も負担がないようにします。週初めに疲れが出ないよう、週末のお出かけも、帰る日や時間に余裕を持ち、月曜からフル活動できるように。こうして自分のリズムを守るために、睡眠時間をベースにした体調管理をしていくと、あまり大きな不調が出ずに、こころもからだも安定してくるようです。

仕事や子育てなど、時間が限られているひとは、とにかく自分のエネルギーを100%効率よく使いたいですよね。無理をして疲れてしまうと体調を崩しがち。また一度バランスが狂うと、リカバリーをするほうが時間も労力もかかるので、できるだけ早めに予防をしたいものです。

忙しい人にこそ、必要なものは質の高い深い眠り。ぜひみなさんも、眠り方にフォーカスをして、体調のベースを作ってみませんか。

知っておきたい眠りのサイクル

眠りには、ホルモンの分泌が大きくかかわっています。寝ている間に、からだは新陳代謝を促し、新しい細胞を作り出します。疲労をリセットし、老化を防いでくれる。そんな女性にとって必要不可欠な「睡眠のホルモン」がメラトニンです。

メラトニンは、私たちが朝起きて光を浴びた時間から、14〜16時間後に分泌されます。つまり、朝7時に起きると、21〜23時に脳から指令が出て、再び分泌が始まるのです。メラトニンは眠りを誘うホルモンでもあるため、分泌が始まると、自然と眠くなる、というわけです。

しかしこのときに、強い光やスマホのブルーライト、気持ちをアップダウンさせる刺激などを受けると、からだはその刺激から身を守ろうと、コルチゾールという、日中に分泌されるホルモンを分泌し始めます。外敵やストレスから自分を守るために、非常事態に備える抗ストレスホルモン。せっかくの眠りモードから、勝手に真逆の戦闘モードへと、からだがシフトしてしまうのです。

こうして夜間のメラトニンの分泌がコルチゾールに変わってしまうと、だんだんと体内時計が狂い始め、寝つきが悪くなってしまいます。夜間の暴飲暴食なども、このホルモンバランスの不具合によって起こります。ストレスが眠っている間にリセットされないので、自律神経のバランスを崩すなど、さまざまな生活習慣病につながる可能性があります。

乱れてしまった体内時計を整える一番の方法は、生活習慣を整えること。起きる時間、眠る時間を決めて生活にリズムをつける。暴飲暴食をしたい気持ちを客観的にとらえ、からだに合った食事をする。朝起きたら朝日を浴びる。適度に運動をする。ストレスを溜めない。それは、シンプルで当たり前のことばかり。ちょっとした習慣を正すことで、眠りの質が変わっていくのです。

ゆるめるMemo

マクロビオティックは、一度勉強すると役に立つ料理法です。やわらかく炊いた玄米にお野菜のおかずを添えて、季節に合わせてからだを整える、日本人に合う食べ方。昔ながらの調味料である塩、醤油、味噌、油を使ってシンプルに料理し、野菜の甘味を生かすテクニックが身につきます。厳密にやりすぎる必要はなく、家庭の好みに合わせていいところを取り入れるようにするといいでしょう。

第 2 章

食べること

からだをゆるめる食べ方は、からだに負担をかけず、消化しやすいことを重視します。食事は好きなものに偏りがちなので、年齢や生活に合わせて自分らしくバランスのよい食べ方を見つけてください。

食べたものでからだができていく

日常は知らず知らずのうちに緊張をしたり、気が張り詰めたりしがち。忙しい日々をリラックスして過ごすために、手に入れたいのが安定した体力と免疫力です。その元となるのが、自分らしい食べ方を見つけること。

現代の病気の原因の多くは栄養、水分の摂りすぎからなので、ふだんの食事はできるだけ素材を生かし、シンプルに。適量を食べてしっかり出す、を徹底していけば循環のよいからだになれます。

また必要以上の糖分、塩分、化学的なものはからだに入れないこと。世界に比べ日本は加工食品に添加物の量が多く、知らないうちに多く摂ってしまっています。添加物は一見、何も影響がないと思いがちですが、蓄積されて排出しないままだと、何かの拍子に症状として出てきます。アレルギーや花粉症の原因のひとつともいわれ、また激しい感情のアップダウンにつながることも問題視されています。

そこで、まず野菜や食材の選び方を変えてみてください。オーガニックの野菜、自然に即した調味料を食べていると、かただの内側から元気になり、体力がつきます。水耕栽培で管理されたもの、多量の肥料を土に混ぜて短期間に成長させたものの、農薬で害虫や病気を防いだ美しい野菜ではなく、大地のエネルギーをたっぷりチャージした、元気な野菜たちを食べる。化学薬品を添加して、美味しく仕上げた調味料ではなく、塩や麹（こうじ）で発酵させて、天然の旨味を熟成させた調味料でお腹の中を整える。日本人の体質に合った栄養が、昔ながらの調味料には詰まっています。

サプリを飲むより日々の食事の積み重ねがたいせつ。シンプルですが、素材の質を変えるだけで、驚くほど体調が変わってきます。

ほどほどに食べる

食品廃棄の中で意外と多いのは家庭の冷蔵庫というように、家では作りすぎてしまうこともありますよね。私は、食事のラインナップはできるだけシンプルにするよう心がけています。最近では一汁一菜が基本で、メインのおかずをひとつ。加熱したものだけではなく、酵素を摂取するために生野菜やフルーツ、甘酢で漬けた野菜のピクルスなど発酵食品を食前に。これにご飯と汁物、家ではこれで充分です。具だくさんの味噌汁は、しっかり野菜が摂れるのでおすすめです。年齢を重ねるほどにお肉は少なめ、魚と野菜を中心に。また脂っこいものやしょっぱいものなど、味の濃いものは控えめに。お味噌や納豆、甘酒、麹など、ふだんの食事から発酵食品をラインナップに入れこむと、美肌にも、若返りにもつながります。

無農薬野菜はエネルギーの源

日本は世界でも有数の農薬使用国です。見た目にうるさいお国柄のため、農薬をたくさん使い、美しく大量生産された野菜は、味が薄く、食べたときに満足感が低いようです。

以前、私は食べきれないほどのサラダを前に、食べても食べてもお腹がいっぱいにならないという経験をしたことがあります。野菜それぞれには味がなく、ドレッシングをたくさんかけて食べました。野菜のかたちと食感はそのままに、食べ応えがない、不思議な感覚。カロリーはあるけれど、エネルギーはゼロという食事です。

食事は自分のからだをつくるもの。健康に生きるために私たちは食べるのです。ただお腹を満たしているだけでは、もったいないですよね。

オーガニックの野菜は値段は少し高いかもしれませんが、少量でまかなえ、何より美味しい。根菜の皮をむかなくてもいい、味付けがシンプルでも美味しい、など便利な点がたくさん。最近ではスーパーでも、よく見ると普通の野菜と同じように有機野菜が並んでいるのを見かけます。また自然食品店や青空マーケット、宅配ボックスの定期便を利用するという手もあります。

地元の直売所で売られている、農家のおばちゃんが手塩にかけて作った、露地ものの野菜も大好きです。だいたいが自家用の減農薬で、たっぷりと太陽を浴び、たいせつに育てられただけあって味が濃く、みずみずしい。どれもその日の朝採りですから、とにかく元気です。

料理するときも、余計な味付けはせずに、塩、醤油、味噌とオリーブオイルやごま油をうまく使ってアレンジします。野菜が美味しく、エネルギーにあふれていれば、それだけでご馳走の一品が完成します。

さらにマクロビオティックの基本である、火の入れ方や塩の使い方をマスターすると、本当に便利。塩気が少なくなるので、自然と旨味が引き出され、味付けの量が減ります。肉、魚、野菜でも応用できる、一生使えるテクニックです。

野菜の皮には、身を消化する酵素が含まれているといいます。根菜の皮はつけたまま、一物全体をありがたくいただくことで、栄養が最大限活かされます。

人参や大根など根菜は葉が出ている根元、葉野菜も根の部分に、生命力の源となる栄養が詰まっています。よく洗って刻み、お味噌汁などに入れたり、炒めたりしていただきます。

こうして満足度も栄養素も高い野菜を3食、1週間と、日々積み重ねたらどうでしょうか。風邪もひかず、免疫力も体力もつき、元気なからだに。私たち自身の生命力が変わってくると思いませんか？

粗食にするほど、私たちは健康になるというデータもあります。良質な食材をシンプルに、そして腹八分で食べる。そのために自分と家族を元気にする、オーガニックな食材を取り入れてみませんか？

皮をむかずに栄養をまるごと
シンプルな味付けで

調味料は、数百円の壁を乗り越える

お台所の基本である調味料は、発酵によって作られているものがほとんど。これが腸内環境を整え、免疫力を保つための、日本古来の自然のお薬ともいえます。しかし中には本来の発酵させた調味料ではないものも多いので、きちんとチェックをして、本物を選ぶようにしたいものです。

たとえば醤油の原料は、大豆、小麦、塩のみ。蒸した大豆に麹菌を加え、樽(たる)の中で1~2年かけてじっくり発酵させます。時間をかけて、大豆をお腹にやさしい発酵調味料へと熟成させていくのです。こうした醤油は「本醸造」と書かれているのが目印です。醤油風調味料と書かれていたら、それは添加物で醤油風に味をつけて熟成させずにできたもの。みりんも本物は、もち米、米麹、アルコールだけで作られた醸造調味料。味噌は大豆、米（麦）、塩、麹を発酵させたものです。

長時間発酵させた調味料は、香りが高く味に丸みがあり、旨味が凝縮している。日本人の健康の要（かなめ）です。上等な味噌なら出汁（だし）がいらないほど味わい深く、煮物も、みりんと少量の醤油だけでコクが出ます。ひとつずつの値段は多少張りますが、基本的なものを揃えれば、あれこれ使わなくてもいいというメリットもあります。

さらに大量生産とは違い、作り手が国産の材料を厳選して、限られた量を、1年も2年も手塩にかけて造っている。それを価値がわかる人へたいせつに売る。そう考えるとありがたみとともに、製造元を応援したい気持ちになります。


せっかくの美味しい料理に、最後に添加物を入れてしまってはもったいない。調味料を買うときは裏のラベルを見て、「なんとか風調味料」ではなく、正しいものを。お台所から、自分や家族に美味しさと健康のベースを届けてみてください。

たとえ数百円高くても、
総合的に見ればコスパよし！

いつものやつより
300円も高いけどこれを使うことで
腸内が活性化して肌がツヤツヤになり
身体の中から元気になれると
考えたら美容代や
医療費も含めて
かなり
おトクな
選択よね
そもそもうま味があるから
使う量も減るわけだし普通に
コスパ良いじゃない。メリットしかないわ！
買うわ。思い切って我が家は
こっちを使うわよ!!

ブツ
ブツ
ブツ

悪い油が、滞りを誘う

オイルは上手に摂れば、中から潤うための最高の美容成分となります。古い油の揚げ物を食べると胃が重くなるように、脂質は良質なものが鉄則です。

市販のサラダ油などは、石油由来の溶剤で油を絞り出したもの。マーガリン、ショートニング、パーム油なども、バターの代わりに開発された人工的なもの。どちらも消化がうまくできず、からだに溜まりがちです。アメリカでは食品への使用が禁止されているトランス脂肪酸に変化するといわれています。

かといって、ダイエットのために油分そのものを抜くのは禁物です。肌や髪に潤いがなくなるだけではなく、からだは油がなくなると、脂肪を溜め込み始めるので、逆効果になります。

私たちにとって必要なのは、良質な油です。細胞膜や脳の主成分が油でできているように、私たちの生命、粘膜やホルモン、血液の源は、実は脂質なのです。

油を選ぶときは、熱を加えず、素材から圧力で油を絞り出した低温圧搾法＝コールドプレスで作られたものがベターです。ふだん使いに便利なのは、低温圧搾の菜種油、ごま油、オリーブオイル。ココナッツオイルもからだにいいと大人気です。オイルはたくさん種類を揃えるより、厳選した1本を買って、生食にも加熱用にも、早めに使い切るようにするのがおすすめ。

さらにいま生活習慣病を予防する働きがあり、女性ホルモンにも有効で、美容に敏感な人から注目されているのが、オメガ3が多く入ったオイルたち。人気のえごま油、亜麻仁(あまに)油は熱に弱く、酸化しやすいので、開封後は冷蔵保存で早めに使ってください。最近ではオメガ3は、魚のオイルにたくさん含まれていることでも、注目されています。錠剤なども買えますので、自分なりに取り入れてみてはいかがでしょう。

塩と砂糖の摂りすぎはこころに作用する

からだは陰陽のバランスで成り立ち、自分が欲するものには必ず理由があります。私は白砂糖を使ったお菓子をたくさん食べると頭痛がし、具合が悪くなります。ですから糖分を減らすために、塩分も少なめにしています。

塩分は摂りすぎると、甘いスイーツなど糖を欲し、さらに喉が渇いて水分摂取量が増え、むくみや冷えにつながります。さらにカフェイン系の飲み物、お酒など陰性のものを欲する傾向も。結果、からだの負担になり、バランスが崩れます。外食が多い方は、一見ヘルシーなお寿司やそばも、塩分が多くなるので要注意です。

誘惑の多いスイーツは、摂り方に工夫が必要です。私は使っている砂糖を白砂糖から、自然の甘味に変えました。メープルシロップ、アガベシロップ、てんさい糖、ココナッツシュガーなど、からだにやさしく作用するもの。白砂糖を摂ると、一気に血糖値が上がり、急激に下がります。この大きな振り幅のアップダウンを繰り返すと、自律神経にも影響が。低血糖症ともいわれ、疲れやすさ、やる気のなさ、被害妄想、キレやすさ、感情を保てなくなるなど、いろいろ症状となって現れてくるのです。その原因のひとつが、砂糖の摂りすぎにあるということも、覚えておくといいかもしれません。

コーヒー片手のおやつタイムは至福のとき。夕食は食事とともにビール、チーズとワイン、そして食後のスイーツ……からだはプレッシャーや緊張をゆるめるために、嗜好品を欲しています。ある意味、嗜好品が増えてきたら、ストレスがある証拠。まずは原因を探ってみて、食欲ではなく違う方法で埋められるように。「やめられない病」のサインが出たら、生活を見直すチャンスです。

日常にある添加物

菓子パンの袋の裏を見ると、知らないカタカナがたくさん羅列されているように、日本ではいつもの食品に、普通にたくさんの添加物が入っています。
何をどれだけ摂ったらどうなるという証明もないし、いつも食べているけれど何も変化がないから大丈夫と思っているひとは多いでしょう。とくに何か症状が出ていないために危機感を感じません。しかし最近では、添加物の成分が、うつ病などこころのアップダウンの原因になるともいわれているものが多く、心配になります。たとえば海外では発がん性、不妊症に加えて、キレやすさなど感情の起伏などの問題が実証され、食品への使用が禁止されている石油由来のタール色素（赤色2、3、40、102、104、105、106号、黄色4、5号、緑色3号、青色1、2号）は、

日本では使用が認められています。とくに子どもが食べる、飴(あめ)、ゼリー、菓子パン、アイス、清涼飲料水、ソーセージ、ハム、ジャムなどに多く入っています。

からだの栄養となるものと、逆にからだに悪いものと2種類あるとしたら、いいものを選ぶほうがいい。自分たちが食べるものに責任を持ち、子どもの安心、安全を守るのは親の役目です。しかし、自分たちでそれぞれの成分を見極め、良し悪しの判断をすることは至難の業です。そこで信頼できる自然食品のスーパーや宅配の会社を探してみましょう。世界中のどの主要都市でも、ナチュラルな食品を扱うスーパーが大人気です。日本は少し出遅れていて、最近やっと大手のスーパーからオーガニック食品のレーベルが発売されたり、自然食品のスーパーができたりと、機運が高まってきました。

食品添加物は自分たちではわからないものが多いだけに、加工食品を買うときは、必ず裏の成分表示を見ること。あまりにも知らないカタカナの成分が多く入っているものは避けてみてはいかがでしょうか。

日々常飲するものに気をつける

オーガニックのお茶やコーヒーは素材の持ち味を生かし、味が濃く美味しいものが多いので、飲み慣れると普通のものがもの足りなく感じます。ぜひ毎日飲むコーヒーやお茶など、習慣化して摂っているものを見直してみてください。普通のお茶は、殺虫剤や殺菌剤などの農薬がまかれた葉を、そのまま洗わずにお湯に入れて飲みます。国の基準にもかかわらず、緑茶の農薬検出率は、他の農産物よりも高い傾向にあるそうです。アールグレイなどは合成香料でフレーバーをつけているものがほとんどです。

コーヒーは綿、タバコに次ぐ3位につくほど農薬の使用が多い農産物です。最近は無農薬のコーヒーも手に入りやすくなったので、試してみてください。

植物療法として ハーブを取り入れる

日頃から食事や睡眠で体調を整え、からだに免疫力がついてくると、植物療法＝フィトテラピーなどでからだを整えられるようになります。

ハーブティーや凝縮したチンキ剤を、自然のお薬として常備することをおすすめします。チンキはアルコールにハーブを浸し有効成分を抽出したもので、ハーブティーや水に数滴たらしたり、お風呂に入れたりもできるので便利です。

免疫力をアップし抗菌作用を持つエキナセアは、風邪の予防や引き始めに。私は、まわりでインフルエンザが流行り始めたときなど、予防としてエキナセアのチンキ剤を飲み始めます。

眠れない方や夜中に目が覚めやすい方は、お酒や睡眠薬に頼る前にバレリアンのハーブティーや錠剤を。人によって効き目はさまざまですが、ぐっすり眠れるようになり、朝の目覚めがよくなります。夜型の方が朝型にシフトするときに使うのも有効。眠りの質が上がるので、自分に必要な睡眠時間が満たされ、朝パッと起きられるようになります。

頭痛や生理痛の痛み止めには夏白菊（フィーバーフュー）のタブレットを薬品代わりに。そしてその根本を治すお茶を日常的に飲みましょう。妊活中の女性ホルモンをしっかり出したい時期には、ラズベリーリーフ、メリッサ、ハイビスカス、チェストベリー、ブラックコホシュなど女性に有効なドライハーブを、大きな瓶に入れて混ぜたものを常備。毎朝、お鍋で多めに煮出し1日中飲んでいました。これは頭痛や生理痛といったＰＭＳの予防にもつながる策です。

植物療法は精油やドライハーブを使い、塗る、嗅ぐ、飲むとあらゆる方向からからだを整える方法を学べる、まさに自然の薬箱。知識を得ておくと、自分も家族もケアできる、一生役立つメソッドです。

ハーブティーはからだの調子に合わせて必要なものをチョイス

味がもの足りないとか言われますけど
私 意外とお役に立ってます♡

きれいな血をつくる簡単なお手当て法

日本で長年育まれてきた自然療法の中に、お手当て法があります。たとえば温めたこんにゃくをタオルに包み患部に当てる「こんにゃく湿布」は、胃腸病、風邪、慢性疾患、腎臓、肝臓、疲労などに効くお手当て。体内の毒出しや、新陳代謝アップ、肝、腎を刺激し、働きを助ける全身の強壮法です。下腹や内臓に当てると本当に気持ちがいい。

生理痛がひどい方は、大根干葉湯（だいこんひばゆ）に挑戦するのもおすすめです。乾燥した大根の葉と塩を入れてお鍋でじっくりと煮出し、濃厚なエッセンスをつくります。これを腰だけ入れるような大きめの桶に入れ、お湯で薄めて腰湯をします。腰だけを温めているのに、驚くほど汗が出て、芯から温まる。子宮に溜まった血が巡り出すの

で、老廃物を排出する自宅でできるデトックス法です。干葉湯のパックが自然食品店で売られていて、お風呂に煮出した液を入れて入るとからだがポカポカに。

日頃常備しているのは梅醤番茶。梅干しに醤油をかけ溶いたものに、番茶を注ぐという昔ながらのお茶。最近では瓶詰や、一回分の携帯用パックもあり、旅行や持ち歩きに便利です。梅醤番茶は造血作用に加え、腹痛や貧血気味など、どんな症状にも効く万能薬。朝起きて疲れが残っている、体力が低下しているというときは、食事の代わりに1杯。美味しいと感じたら、からだが陰性に傾き、必要としている状態。逆に塩気が飲みづらいなら、陽性気味なので必要がないということ。こんなふうに、飲んだときの味の感じ方で、自分の体調を知ることもできます。

滋養強壮や風邪、冷えに威力を発揮するのは鉄火味噌。みじん切りした野菜を炒め、味噌で炒り付けたふりかけで、ご飯に少しだけかけていただきます。ふだんの食事でお肉や動物性のものを多く取ると、血がどろどろになりやすいといいます。浄血作用のある自然療法アイテムで、自分のからだのお手当てを。

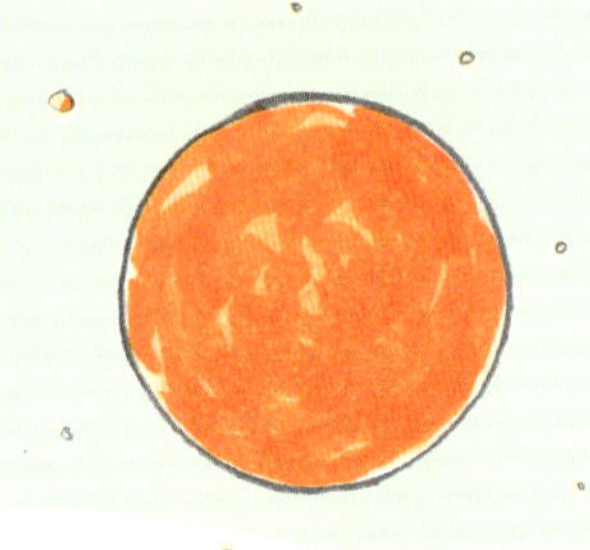

第 3 章

出すこと

新陳代謝がいいからだは、いつも気持ちがよく軽やかです。逆に循環が滞ってくると何事も停滞しがち。いらないものを出して、いつもいい運気が入ってくるように、こころもからだもリセット上手になりましょう。

ゆるめるMemo

食べすぎが続いたり、忙しくて疲れているときに取り入れたい健康法が断食や半断食。定期的にすっきりとからだの中をリセットすると、食べすぎたときにすっきり快調なからだの感覚へと、自分の戻る場所がわかるようになります。体調が悪いときは、食生活の乱れが原因であることも。デトックスをするとからだの機能が研ぎ澄まされて、自然治癒力がアップします。

「食べる」とともに「出す」にこころを配る

私はしっかりとマクロビオティックを勉強したおかげで、食べ方でからだを整える方法を知ることができました。季節や体調に合わせて何を食べたらいいのか、自分なりの整え方がわかってきたのです。

さらに日々実感しているのは、食べること＝インプットすることよりも、実は不要なものを定期的にからだから出す＝デトックスこそが、健康をキープするのに一番たいせつだということ。

人間のからだはよくできていて、食べ物から栄養を吸収して、いらないものを出す力があります。これが弱り、「いらないもの」が溜まると、いわゆる毒素となり、病気の原因に。からだのほとんどが水分でできているといいますが、入れ替わ

ることなく溜まれば、コップの水を放置しておくと腐っていくように、よどんできます。「いらないもの」をできるだけ早めに出せると、いつもみずみずしく、若さと元気に満ちあふれていくといえます。

そのための方法として心がけたいのは、午前中を「排出する時間」とすること。お腹の中をできるだけ空っぽにできると、調子がよく、すっきりします。

たとえば朝は豆乳ミルクティー、疲れているときは番茶や梅醤番茶を1杯。前日に食べすぎたり、食事が重い、遅い時間に食べた翌日の朝は、胃腸が動き出さないので、果物やパンを少し。すると内臓が動き出して、排出が促され始めます。出すまでは、きちんとした食事を入れないようにします。

本当は朝起きたらすぐ快便！　というのが健康の証(あかし)。しかしそうはいかないときもあります。食べすぎたときに、朝から次から次へと食べ物を入れると、胃腸は身動きが取れず、水分も過剰に摂ると、消化にさらに時間がかかり、追いつかなくなります。まずは出してから入れる。入れたら出す、これがたいせつです。

毎朝起きたら快便！ が理想です

「食べない」という選択

からだは、食べるのにかかった時間や労力よりも、消化するためにたくさんの時間とエネルギーを使っています。

一番の消化酵素は唾液(だえき)。100回、200回とよく噛んで飲み込むと、お腹がいっぱいになり、食べる量が減るだけではなく、消化を促してくれるのでからだの負担が軽くなります。しかし、そんなに毎食噛み続けることは至難の業。

さらに、食べすぎが続き、食べた量に消化が追いつかなくなると、どこかに滞りが生まれます。

こまめに調整していくのが一番ですが、負担が続いてきたら、それと同じ時間をかけて、ゆっくりと整えていくことがおすすめです。

たとえば食べすぎた次の日。朝は食べず、場合によっては昼も軽めに。その日にできるだけリセットします。不規則な食生活が1週間続いてしまったら、翌週はできるだけ予定を入れず、消化のいいものや軽めの夕食で調整します。

私は基本的にすごく食いしん坊なので、旅行や出張が続くと食べすぎて、かなり体調不良に。ふだんとの振り幅が大きいので、ときには時間をかけて2週間、1ヶ月とスパンを延ばしてリカバリーすることも。

また、夜中にジャンクフードや、脂っこいヘビーなものが食べたくなることがありますよね。睡眠不足や疲れでからだは弱っているのに、裏腹の食欲が増してしまう。それは、ホルモンバランスが崩れている証拠。欲望のままに食べてしまうと、悪循環サイクルにまっしぐらです。この不安定な食欲モードに入ったら、どこかでループを断ち切り、リセットする時間を設けてみてはどうでしょう。

たいせつなのは、基本的な自分の食べ方、戻る場所を定めること。定期的な断食も、自分のリセットした状態を知るために有効です。

私は1日に2食のほうが体調がよく、朝か昼のどちらかと、夕食です。お昼は忙しくて食べ損なうこともあるのですが、入れすぎるほうが調子が悪くなるので、量で体調を管理しています。

またしっかり眠りたいときは、夜ご飯を食べる時間を早く、もしくは軽く。消化の負担がかからないほうが朝の寝起きがよく、起きるのが楽になります。

さらに風邪をひいたり体調が悪いときは、食べないことも。からだは食べ物の消化にかなりのエネルギーを使っており、弱っているときにガツンとしたものが入ると、それだけで負担がかかります。高熱や、体調が悪いときこそ断食をすると、からだのエネルギーが治癒に専念できるので、早く治ると思います。

もちろん、最初からストイックな食生活を実践するのは、誰にとっても難しいもの。まずは日々、出し入れの量をチェック。さらに1週間、1ヶ月と、スケジュールと折り合いをつけながら、自分の食生活をじっくり観察していくことから始めていきましょう。

週1デトックスDAY

私は1週間の中で「休み、整える日」を、必ず1日つくるようにしています。自分で食べるものをきちんと選び、調整できる日。予定を入れず、誰とも約束をせず、家でゆっくり過ごすことで、排出もしっかりできる日。

バタバタとした日常の中で、家でゆっくり過ごす日があると、気分もからだも落ち着くので、気の向くままに過ごします。そんな日があることで、余計なものを次の週に持ち越さずにすんでいます。

積み重なった負担を、一度にリセットしようとするのではなく、時間をかけて少しずつリリースしてみましょう。つい予定を詰め込みがちな現代社会。無理をしない1日は、最高のご褒美です。

それでも休めないひとは、こまめなリセットがたいせつ

客観的にからだを見つめ直す

偏頭痛や生理痛を、自分の体質だと勘違いしていませんか？　よく「私は偏頭痛持ちなんで」「生理痛はいつものこと」と普通に話している方がいます。いつのまにか「体調が悪いのが当たり前」と思い込んで、その根本と向き合わない人が、非常に多いような気がします。

私はお風呂で自分のからだを観察しています。カサついているところはないか、冷えていないか、角質が溜まっていないか、などをチェック。かゆみが出ていたら、原因は乾燥か、使っているオイルの質なのか？　といろいろ原因を探り、必要に応じてバームを塗るなどスペシャルケアをします。

さらに生理の周期、日数はどうか。量や色に変化があるか？　排便の調子は？

回数は？　色は？　何か変化があったとしたら、どうしてそうなるのかを考えてみます。無意識にしている、日常の習慣です。

からだは正直なので、意識を向けると変わってきます。たとえば、冷えているなら、ふだんから冷たい飲み物を控える。腹巻やソックス、レッグウォーマーを重ねばきして温める。アロマオイルを垂らした熱めのお湯で足湯をするのも、本当に気持ちがいいですし、冬場の湯たんぽもじんわり温かです。

偏頭痛はどうでしょうか。肩や首まわりの血行が悪くなっているなら、お風呂でマッサージ。ヨガなど適度な運動を習慣づける。眼精疲労がひどい方は、ホットタオルなどで目元を包み、温かくしてゆるめるのもいいかもしれません。

日々、自分のからだに出ている負担を見過ごして生活していると、この雑多な世の中で、体調がだんだんと悪くなってしまうことは当然です。

冷えや鼻炎になるなど、症状が出てからでは遅いので、日頃から自分を観察し、根本を見つめ直す習慣を身につけてください。

月とからだの関係を知る

よく理想の女性の写真を鏡の横に貼ってメイクをすると美しくなれる、ダイエットに成功するなどといいます。

それは、からだが気持ちや視覚情報、見えないエネルギーを感じ取っている証拠。そう、「からだと潜在意識はつながっている」のです。

こうした事実からも、自分のリズムを意識して、生活することのたいせつさがうかがえます。女性の場合はとくに、体調やメンタルの状態が、月のリズムに関係しています。

新月から満月に向かう時期は、チャージのとき。満月から新月に向かう時期はデトックスのとき。それを意識しながら、食べ方を調整し、予定を考えましょう。た

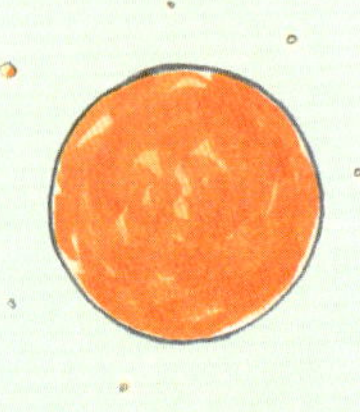

とえばダイエットは、満月から新月に向かう14日間がベスト。それだけ、エネルギーがクリアに研ぎ澄まされている、ということ。さらにからだのリズムが整ってくると、生理が月のサイクルと同調してきます。だいたい満月に生理が来て、新月に排卵日を迎える。これは人間の本能に基づくからだのサイクルです。

こんな話があります。かつて、人間が狩りをして生きていた時代。満月の夜、男たちは狩りに出かけますが、新月は暗闇で狩りができず、家で過ごします。この新月の夜が、最も妊娠しやすい排卵日と重なっていることで、子孫繁栄が促される。これこそが、私たちの本能なのだ、というのです。

さらに面白いことに、私はふだん満月に生理が来ますが、忙しい時期になると新月にずれていきます。それはからだを守ろうと、本能が勝手に働いているから、なのかもしれません。

神秘的な私たちのからだ。自分なりのリズムを見つけ、それに即して過ごせるよう、心がけたいものです。

布のナプキンで受け止める

生理痛がなくなるから、量が減るからと、布ナプキンに興味を持っている方も増えてきました。実際に使っている方も、生理が楽になったと感じている方が多いようです。ではどうして、布ナプキンをすることがよいのでしょうか。

私たちのからだは、外界からの刺激から身を守るための機能が備わっています。たとえば歯医者で脱脂綿を歯茎に挟まれると、どんどん唾液が出てきますよね。口の中の粘膜は綿を異物と見なして異物を出そうとし、また吸い取られて乾かないよう、粘液を分泌し続けるのです。

同じようにデリケートゾーンは、ずっとサニタリーシートを当てて吸い取っていると、どんどん粘液を出します。生理もしかり。大きな厚手のナプキンを使うと、経血量が増えてしまいます。その点、布製なら出てきたものを受け止めるだけ。使い続けると、自分の適量を出すだけになるので、からだの負担がぐっと減ります。

布ナプキンに慣れてくると、トイレに行くたびに自分で経血を出せるようになります。私も基本的にはトイレで出るので、ふだんは使い捨てのオーガニック紙ナプキンを使っています。高分子吸収体がなく、温かく、やさしい肌触り。経血を受け止めるスタイルは布ナプキンと同じなので、忙しい女性におすすめです。

私は抗菌作用や脱臭作用などの加工を施してある普通のナプキンを当てると、きゅーっと子宮が萎縮するのがわかります。それだけデリケートゾーンは経皮吸収率も高く、子宮にダイレクトにつながる敏感な場所。

経血の量が減れば毎月、楽になります。数ヶ月オーガニックの紙ナプキンを使い、量が減ったら布ナプキンに移行してもいいですよね。

やさしい素材でデリケートゾーンを包むとふんわり温かく、それだけで生理痛が軽くなったという話も聞くほど。きっと気持ちよく過ごすことができるはずです。

膣(ちつ)の粘液力で潤いを

最近「デリケートゾーン」のケアが注目されています。

食生活や睡眠が乱れ、バランスが崩れると、皮膚だけではなく、目や口の中など、からだのいろんな粘膜が乾燥してきます。つまり膣の中、デリケートゾーンの粘膜も乾燥してくる。膣の中が乾燥すると、粘液が不足して不妊、感染症を予防できず膣炎、乾燥による萎縮、尿漏れなど、更年期の症状に直結していきます。反対に、常に目や唇が潤っていると、膣も潤っていて、いつまでも若々しく、女性ホルモンが出ている証拠です。

「粘液力」が低下しがちな現代社会だからこそ、特別なデリケートゾーンケアが必要なのです。

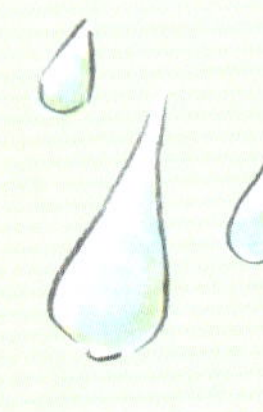

まずは中からのケア。添加物を少なく、発酵食品を多く、良質な油を摂る食事。まいたけ、大豆製品、のりなどの食材もしっかり摂りましょう。そして意外と侮れないのが外からのケア、肌に当たる素材です。下着をオーガニックコットンやシルクなど保湿力があり、やわらかいものに替えます。おりものシートやナプキンもやさしいものに。すると子宮がほっとするのか、中心がゆるんできます。

お風呂では、専用のウォッシュ剤を使い、低刺激に。お風呂上がりは、デリケートゾーン用のオイルやローションを塗り、保湿。膣専用のオーガニックオイルを塗った指を膣の中に入れて一周、膣まわりをマッサージすると筋肉の硬直がほぐれ、子宮脱などの病気を予防できるそうです。

とくに膣に潤いを保つことは、更年期障害や子宮の病気を予防します。フランスでは当たり前のケアも、日本ではまだまだタブー。膣をケアすることは、自分の中心をケアすること。女性としての自分を認め、たいせつにしている、と実感することで、結果的に女性ホルモンがアップし、美しさへとつながっていきます。

第 4 章

暮らすこと

こだわりを持って生活のアイテムを選ぶことで、よりここちよく暮らせます。まいにちのちょっとした習慣を見直すこともたいせつ。緊張をゆるめる場所だからこそ、自分らしく整えていきたいもの。

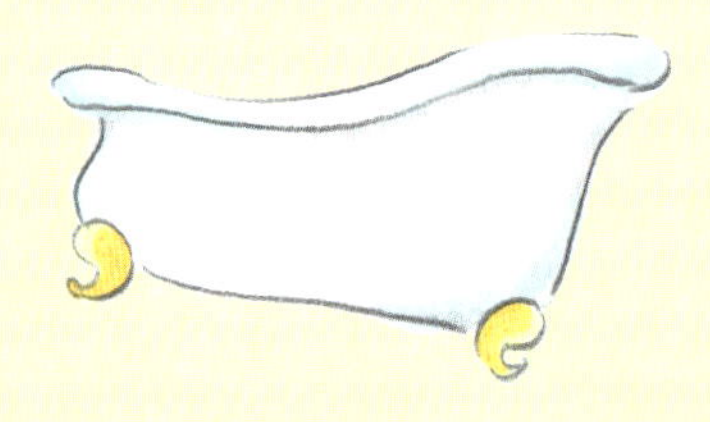

ゆるめるMemo

暮らしを楽に、豊かにするため、自分なりの便利グッズを見つけてみましょう。私は電子レンジは使わないのですが、マスタークックという遠赤外線効果のある土鍋や、小型のストウブの鍋を愛用しています。炊く、炒める、煮る、蒸すなど何でも使えて、短時間で素材の甘味や旨味を引き出してくれる魔法のお鍋。こういう便利な「いいお鍋」のおかげで、家事のストレスがだいぶ減りました。

からだはやさしい石鹸で手で洗う

日常の生活は、自分にも家族にも、そして環境にもやさしくありたい。そう思ううちに、日用品の選び方も変わりました。

たとえば、手やからだを洗う洗剤。私は「落としすぎない」を基本にしています。肌にある常在菌を保つことは、肌に免疫力をつけて強くし、自分で潤いを保たせるための秘訣です。それを除菌力の強いソープで洗い流してしまうと肌は常にバリアを失い、乾燥した状態に。ハンドクリームなくしてはいられなくなってしまいます。私は日頃から、肌だけではなく、環境にもやさしい石鹸を使い、お風呂では乳液タイプのボディソープを愛用しています。食器用洗剤も、食品に使っても安心なものを使っています。

お風呂では、からだをマッサージするように手で洗います。手で洗うとからだを確認することができ、ざらざらのところ、老廃物が出ている箇所、冷えているところなどがわかります。

たとえば油物を食べすぎると、背中の肩甲骨（けんこうこつ）の間に吹き出物ができたり。外食が続くと塩分が増え、水分を多く摂るので足がむくんだり。そんなときは、お風呂上がりにオイルマッサージをします。リンパの流れをよくするように、下から上に流すようにマッサージ。濡れたからだにオイルを混ぜるように使うと、少量で伸び、水分を閉じ込められます。洗いすぎによる乾燥も防げるので一石二鳥。とくにマッサージの時間を設けなくても、ささっとケアができます。

自分のからだのコンディションに合わせて、ケアやマッサージを日常に取り入れていく習慣を。ふだん意識することの少ない自分の肌に直接触れて、確認する時間が、体調管理につながっていきます。

強い除菌ソープは肌の常在菌も
洗い流してしまうことに！

コツコツと肌質を変える

「オーガニックコスメは肌に合わなかった」という声を聞くことがあります。ケミカルコスメに肌が慣れていると、植物成分に物足りなさを感じてしまうのかもしれません。それでもコツコツ使い続けると、肌の持つ本来の力が引き出されます。

ひとくちに「オーガニック」といっても、種類が豊富。最初は信頼できるナチュラルコスメのブランドやお店を見つけ、話を聞いてみてください。とくに自分が疲れているなどトラブルが多いときは、あれこれ使うと肌の負担になるので最小限のケアに。私たち自身の持つ治癒力を信じ、引き出すマイナスのケアです。

本来なら上質な水分=化粧品とオイルだけで肌は艶やかに保てるもの。私もシンプルケアに変えてから、吹き出物やトラブルがぐっと減りました。

肌から血液に入る経皮吸収に気をつけて

最近は、よく聞かれるようになった「経皮吸収」という言葉。皮膚から浸透した化学薬品は、直接血管に入り、からだを巡ります。腕の内側にある皮膚の吸収率を1とすると、頭皮や脇の下は約3・5倍、顔は13倍、なんとデリケートゾーンは42倍の経皮吸収率。粘膜で覆われている場所は、皮膚の角質層がないので、ダイレクトに体内に吸収されるのです。

口から入ってきた不要物は下痢や嘔吐で排出することができるけれど、一度入ると簡単に出せない血管は、要らないものが溜まってしまいがち。肌から入ったものは10日たっても10%も排出されず、体内に蓄積されるそうです。

しかも最近のコスメは成分をナノ化し、小さい分子にして浸透率を上げる傾向があるので、さらに中に入りやすく、それがダイレクトに細胞膜の脂質に混じり合うようです。

まずはふだん使っているコスメ、歯磨き粉やリップクリームなど、口に入るものを安心なものに変えてみてはどうでしょう。頭皮の毛穴は血管と密接なので、シャンプーやスカルプケアも、オーガニックのものがおすすめです。

さらに最近注目されているのが、経皮吸収力の高いデリケートゾーンです。毛の生えている箇所はすべて皮膚が薄く、毛で皮膚を守っている場所。顔は洗顔用、頭皮はシャンプーと、専用のものを使うのに、日本ではデリケートゾーンだけはその習慣がありません。

たとえば鎮痛剤の中で、座薬が一番即効性があるように、膣の粘膜からも薬剤がダイレクトに吸収されるのです。吸収率も高く、洗うときに中に入りやすいので、専用ウォッシュ剤と、お風呂上がりのオイルやクリームもオーガニックを選ぶことをおすすめします。

シャンプーの泡でパックする

わが家のお風呂では、なかなかリンスやトリートメントが減りません。オーガニックの上質なシャンプーは高価ですが、製品になるまでのストーリーを知ると、洗い流してしまうのがもったいないくらい、豊かな成分が入っています。

保湿力が高いタイプを選べば、上質な成分が配合されているので、シャンプーの泡をそのままパックとして使えてしまうほど。泡で髪を包むようにし、しばらくパックをしてから流すと、リンスいらず。また良質なものはヘアクリームのように、ドライヘアに洗い流さずに使えるものもあります。

オーガニックの商品は使い込んでくると、好みの使いごこちがわかってくるので、あれこれ兼用したり、応用できるのも楽しみのひとつです。

オーガニック商品は思わぬ時短につながることも

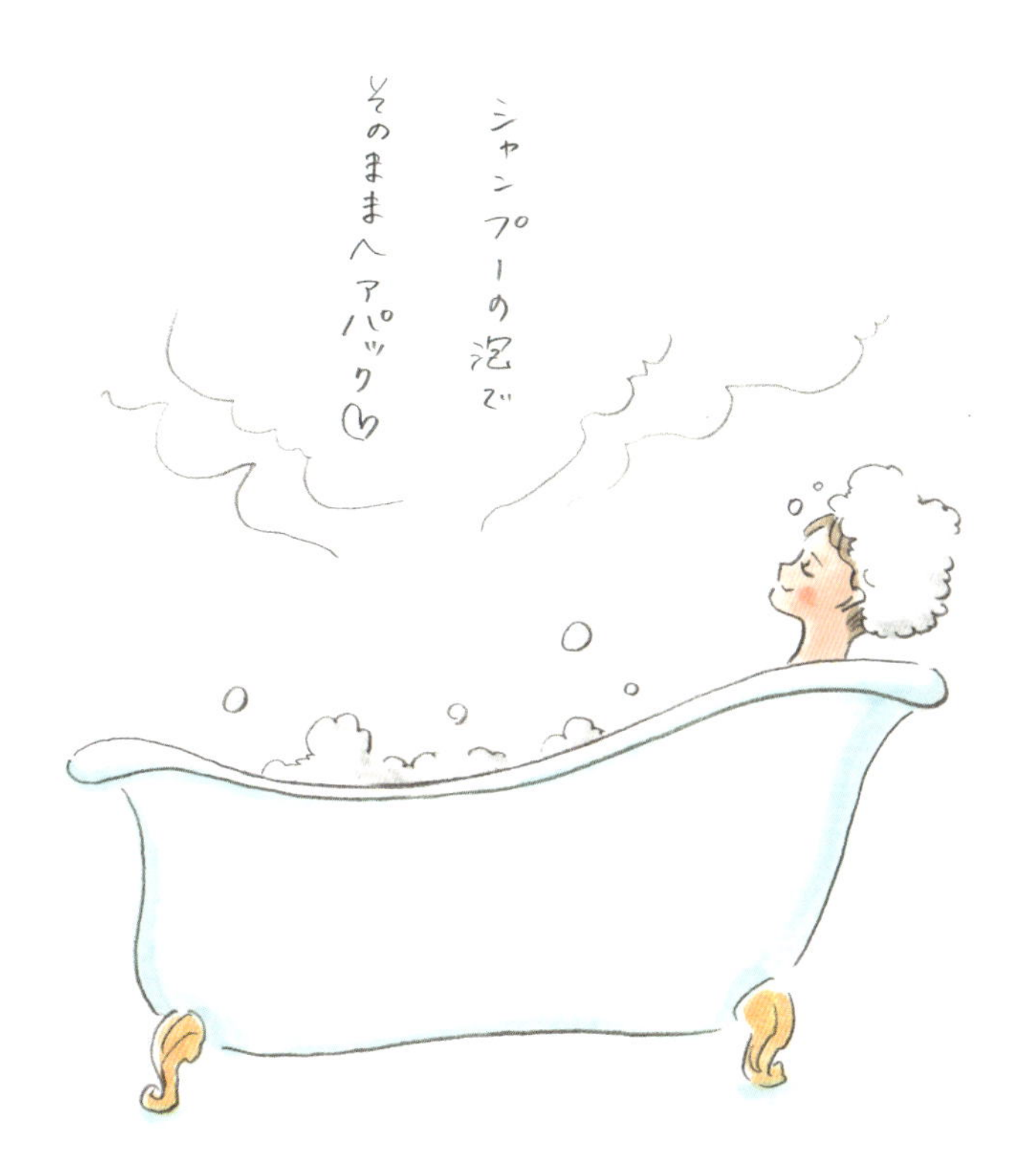

シャンプーの泡で
そのままヘアパック♡

ブラッシングの刺激で表情が変わる

頭頂は、エネルギーが集まる大事な場所。ツボでは百会（ひゃくえ）と呼ばれ、刺激をすると眼精疲労や頭痛、顔色の悪さやくすみなどを解消してくれます。さらにチャクラでいうと、第七チャクラ。自分の感情を昇華させて、気持ちを落ち着かせてくれたり、インスピレーションを司る（つかさど）といわれています。ここが滞るとホルモンバランスが崩れ、睡眠障害や免疫力の低下など、からだに影響が出てきます。

ヨガでは頭をついて頭頂を刺激するポーズがたくさんあるように、エネルギーを交換する意味でも大事な場所。しかもいつも頭や目を使っているので、思った以上に凝っていることが多く、触ってみると頭皮がガチガチという人も。

私は眼精疲労が溜まりやすいタイプなので、よく耳を持って引っぱったり、根元をほぐしたり、まずは耳のまわりやこめかみからマッサージし、そのまま指先を使い、頭をつかむように手を後ろにずらしながら、首筋や後頭部の下の部分ももみほぐします。シャンプーのときに、お風呂用のマッサージブラシを取り入れるのもいいですね。そしてお風呂上がりには、気持ちのいいオーガニックのスーッとするヘアトニックをつけて、リフレッシュして終了です。

ストレートヘアの方は、日々丁寧なブラッシングを習慣にしてください。そのときに使うのは、静電気が起きず、頭皮にしっかり毛先が届く猪毛、豚毛のブラシ。コシがあるので、頭皮の刺激にもなり、長年使うことができます。

頭皮は顔の皮膚とつながっています。凝って硬くなっていると、表情が動いたときに頭皮が動かず、額のシワの原因に。いつもほぐして、清潔に保っていると、表情も明るく、エネルギーが通り、自然と気持ちもゆるんでくるのです。

肌のくすみの意外な理由

肌に直接関係がないように思えることが、実はくすみにつながっています。たとえば、肩や首まわりの凝り。首は顔とからだの血液をつなぐ部位なので、そこが凝ると、血行が悪くなってしまいます。血行が悪くなると代謝力が落ち、代謝力が落ちると、くすみにつながる。

私も毎日仕事でスマホやパソコンを使いますが、長時間同じ姿勢でいない、深呼吸をして疲れをリセットするなどこころがけています。とくにスマホが普及してから、ちょっと前かがみでうつむく姿勢になりがち。これは首に負担をかけ、血行を悪くし、呼吸を滞らせるポーズです。スマホを持つ手を少し高く、うつむかないように。そして呼吸を深くし、全身に元気な血を巡らせてあげてください。

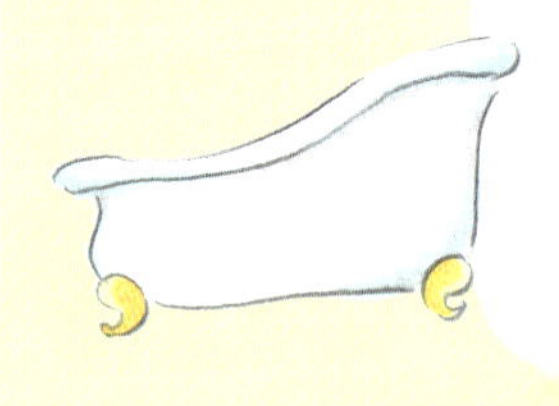

足先をほぐして温める

足の裏は、大地からエネルギーをもらうたいせつな場所。また「地に足がついている」といいますが、浮き足立たずにしっかり自分自身が落ち着いていられるかどうかも、足がポイントです。冷えて血行が悪くなっていると、いいエネルギーが循環しないどころか、悪いエネルギーが出ていかないので、体調が悪くなります。運気をアップするためにも、いつも自分のために尽力をしている足に「お疲れさま」と感謝して、足先をほぐす習慣を身につけてください。

まずはお風呂の中で足の指の間に手の指を1本ずつはさんで、握手をするようにしてみましょう。すると、意外と足の指の間が凝っていることがわかります。次に足指の股から足首に向けて、甲の筋の間の血流を流すように押していきます。くるぶしのまわり、土踏まずなどを押してみると痛い箇所があるので、しっかりもんで血行を促してください。

これだけで足先が温かくポカポカになりますが、お風呂上がりに冷え対策のソックスをはけば完璧です。エネルギーの源である足先には化繊ではなく、通気性のいいオーガニックコットンなど天然繊維がおすすめ。むくみ対策として、締めつけタイプのソックスをはく方も多いようですが、だんだんと締めつけることがクセになってしまいます。自力で血流を流せるように、ゆるやかに温めましょう。

また、はき口のゴムがきついと血流が滞るので、とくに寝るときはかならずゆるめのものを。朝起きてゴムの跡がついていないのがいいですね。

ふかふかのソックスをはいて、血流も、エネルギーも循環。そしてときどきは砂浜や芝生を素足で歩いて、自分の中に溜まったものや電磁波をリリースしてみてはいかがでしょうか。

天然素材のゆったりした厚手ソックスが理想的

※ 浮きません

タオルは質にこだわりを

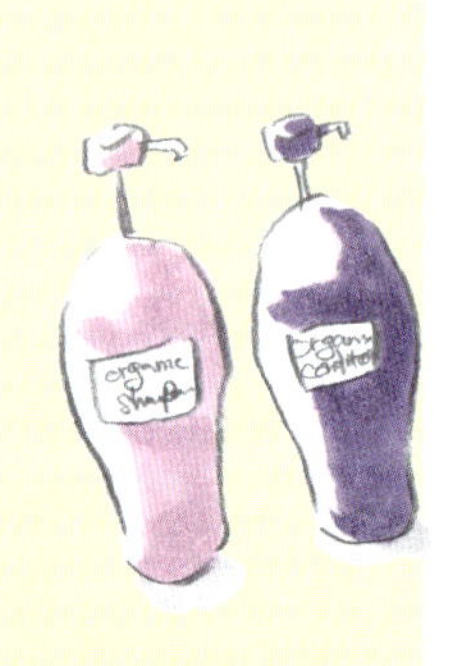

お風呂上がりに使うタオルは、使い古しではなく、ふわふわで肌触りが良く、清潔なものが開運にもいいといわれているそうです。運気を上げるための理想は、毎日洗い替えをすること。そこで活躍するのが小ぶりのタオルです。タオルの開運話をよく聞くようになり、最近ではスポーツタオルのような、バスタオルとフェイスタオルの中間のサイズが売れていると聞きます。小さいタオルは洗濯後も乾きやすく、収納もコンパクトなので都会暮らしのひとにもぴったりです。

そしてたいせつなのが肌触り。私はもちろん、オーガニックコットンのタオルを愛用しています。一度使ってみると、やめられないふわふわの肌ざわり。お気に入りのタオルを見つけたら、ついそればかり使ってしまうほど、肌感覚は正直です。

よく気持ちのいいタオルを自分のために買ったのに、旦那さんが自然と選んで使ってしまう、子どもが手放さない、愛犬に取られてしまった、なんて理由で買い足す方が多いのも納得。私たちはきっと、気持ちのいい肌触りのものに、本能的に惹かれていくのかもしれません。

オーガニックコットンの肌触りも、タオルなら比較的安価なものもあり試しやすいはず。枕にカバーとしてかけると、肌にやさしく気持ちよく眠れます。タオルブームともいえるほど種類も豊富にあるので、いろいろ触って、ふかふかな1枚を探してみるのもいいでしょう。

普通の綿花は、ふわふわのコットンボールの油分を脱脂をして製品化するため、洗うほど風合いが硬くなります。対してオーガニックコットンは水素などでやさしく脱脂をするので、洗うほどに気持ちよくなる。コットンの風合いを存分に味わうことができるのも醍醐味のひとつです。

子どもが手放さないという話は
よく聞きます

本能がえらぶ気持ち良さ

天然洗剤を使って風合いを楽しむ

オーガニックコットンは、繊維自体に蛍光剤を使っていないので、白い生地でもブラックライトの下で光りません。しかし通常の洗剤を使って洗濯をすると、白くまだらに光ります。それは洗剤に蛍光剤が入っていて、洗い上がりの衣服にもかなりの量が付着したまま残っているということです。

そもそも普通のコットンは漂白したり、脱脂したりする段階で塩素系の薬剤が使われています。さらに最近では室内干しや、ドライマークの繊維とコットンを一緒に洗えるものなど、洗剤の質もどんどん進化しています。つまり化学薬品の量が増えていて、アレルギーの原因になる大量の蛍光剤が入っているのです。蛍光剤は薬事法で、医療用のガーゼなど肌に直接触れるものには、発がん性の可能性があるといわれ、使用が禁止されている薬剤です。

肌に触れるもの、タオルやインナー、ベッドリネンなどは、石油由来である蛍光剤や化学薬品が使われていない、天然由来の洗剤で洗うことをおすすめします。合成的な香りをつけていないシンプルなものがいいでしょう。オーガニックコットンは洗ううちにふわふわ感が増していくので、柔軟剤も必要がありません。最近の柔軟剤は、香りがどんどん強くなっている傾向があります。オーガニック洗剤を使い始めると、次第に柔軟剤の香りが強く過度に感じるようになります。

私はクリーニングに出した服の、石油のような匂いもその工程も好きではないので、カシミヤのニットもシルクのブラウスも、ダウンジャケットも、すべて家で洗っています。ナチュラル洗剤にも、ニットやシルクに使えるデリケート素材用やダウンジャケット専用のものがあります。

家でニットを洗うと肌触りもふかふかで気持ちがいい。ナチュラル洗剤だからこそのここちよさ、それが最高の贅沢だと実感しています。

天然洗剤は柔軟剤なしでも
OKなところがポイント

水拭きの威力

水拭きは運気を呼び込むといいます。わが社でも何か大きな目標があるとき、願をかけてトイレ掃除や水拭きをしたら、本当に実現した、という逸話があります。

床の水拭きは、自分が落としている日々の垢や邪気を拭き取り、リセットしてくれます。本当に床をさっと水拭きするだけで、部屋の空気が驚くほど変わります。窓は外からの運気を取り込むので、きれいにすると、気持ちがクリアになると同時に視界が開け、外からの情報も入りやすくなる。玄関も、しかり。

すべての部屋を完璧にするのが難しければ、自分や家族が一番リラックスできる場所を選び、必ずそこをきれいにすると決めてみては？　少しずつ、続けられることから始めてみてはいかがでしょう。

具体的な目標を願かけしながら
水拭きするのがおすすめ

花や植物のある暮らし

まいにちあわただしく過ごしているので、積極的に女性らしさのエッセンスをたいせつにしたいと思っています。たとえば花を日常的に目につくところに飾るようにしています。キッチンの片隅や、テレビの横などにさりげなく。

母親が花の仕事をしていたこともあり、いつもたくさんの花に囲まれて育ちました。花がないと何だか家自体が生命力を失ったかのよう。

私は花屋さんより、よく野菜の直売所で花を買います。切り花として育てられたものとは違い、花や枝ぶりが素朴ですが、生命力に満ちあふれています。最近では押し花を作ったり、ドライフラワーや庭の枝でリースを作るなど、いろいろと楽しんでいます。

女性らしさを忘れない生き方

「結婚式のときのドレス姿を洗面所に貼っています。レースのついたナイトドレスは、ウエディングドレスを着た気分になれるんです」

こう教えてくださった方がいました。自分の一番きれいな姿を、毎朝必ず見る鏡の横に貼り、美しい自分をイメージする。これを日々続けることが、最大の若返り法だと思いました。

外ではパリッとしている方こそ、ぜひ家では肌触りのいい、ピンク色のフェミニンなものやゆるみそうなアイテムを着てみてください。最初は抵抗があるかもしれませんが、さりげないデザインのものから挑戦すると、不思議と次からもっと甘いものややさしげなものが着たくなる。ピンクやレースの甘さに癒され、ゆるんでいくことが実感できます。これが日頃の緊張を解いて、自分をリラックスさせてくれる鍵。いつも気を張って、忙しいひとほど、一瞬で「おうちモード」へとスイッチが切り替わります。さらにネックラインが可愛いウエアを選ぶとより効果的。夜のスキンケア、朝鏡を見るとき、顔まわりが華やかで、甘いデザインに包まれた自分を目に焼き付けて脳にインプット。おのずと女性ホルモンの分泌がアップし、身もこころもさらにほぐれてきます。

いくつになっても女性は潜在的に、ピンクやリボン、レースやフリルといった、女性らしいモチーフが好きなよう。やさしいものでからだを包むこと、その時間を楽しむことで、自分をたいせつにしているという実感が湧いてきます。これこそが、あわただしい生活に少しずつ余裕を作り、からだをゆるめていく秘訣。

殺伐としがちな毎日の中で、自分の見え方を意識し、華やぎをキープできる人は、いつまでも女性らしく、そしてはつらつとしています。スキンケアやヘアケアと同じように、こころにも栄養を与え、ケアをしていきましょう。

ときには花柄やピンクなど華やかで甘いものを着てみよう！

40すぎると
女性ホルモンは
勝手に出てきては
くれないので…
努力して
出すべし!!

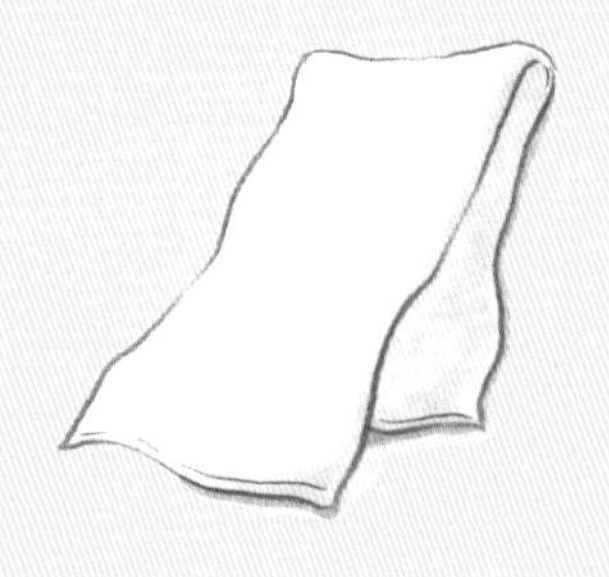

ゆるめるMemo

肌が敏感な赤ちゃんにこそ、やさしい肌触りがたいせつです。やわらかなオーガニックコットンの肌着などでからだを包んであげると、赤ちゃんは安心します。「肌育」といい、クリームを手で塗って保湿をしてあげることも母と子の絆を深め愛情が伝わるといいます。それほど肌からの情報がこころに響くということです。低刺激なオーガニックのバームなども有効です。

第 5 章

肌ごこち

肌は私たちが思っている以上に敏感です。ここちいいと思う肌触りが脳に伝わり、私たちのこころとからだをダイレクトにゆるめてくれる。あなたの好みの肌ごこちを探してみてください。

早く家に帰りたくなる肌触りの魔力

大人の女性にとって、ストレスの発散方法はたくさんあります。友人とのおしゃべり、美味しい食事、買い物、温泉、マッサージ。どれも私たちがつい外に求めがちなものばかりです。

私はオーガニックコットンの肌触りに出会ってから、外に出てストレス発散することが必ずしも必要ではなくなりました。疲れた自分を、その日のうちに自分でリセットすることができるようになれば、疲れが溜まらず日に日に元気になれることを知ったのです。

着ごこちのいい肌触りに包まれて自分をケアし、そしてゆっくり眠る。疲れをリカバリーするために家でくつろぎ、自分をゆるめる時間を持つ。このゆとりを持つ

だけで、本来の自分自身を取り戻し、明日への活力をチャージできる。何よりもたいせつな時間だと気づきました。

芯からリラックスをするためには、気持ちのいい、お気に入りの肌触りにこだわりを持つこと。部屋着、インナー、ナイトウエア、タオルなど。肌は「第三の脳」といわれるほど、こころとからだに作用します。肌触りの良し悪しがわかり、選べるようになるのはいろんな素材を着てきたからこその、大人の醍醐味です。

「家ではスウェット」を卒業して、本当に肌ごこちのいいアイテムを着てみてください。次第に早く家に帰って着替えたい、そんな気持ちになれると思います。

自分が「これさえあれば大丈夫」と思える「ゆるめるアイテム」をいくつも持っている人ほど、何かあったときに頑張れるのではないでしょうか。気持ちのいいものを本能が欲して、つい手が伸びてしまいます。

「自分をたいせつにしたい」と思うのであれば、自分らしい時間はいつでしょうか？ 自分のために過ごす、家での時間こそ、着ごこち重視で選びたいものです。

着ごこち重視の服で
家での時間をたいせつなものに

肌に触れるインナーウエアをここちよく

ランジェリーの上に重ねて、素肌を包むインナーウエア。昔は化繊やレースのもの、シルクなど、見た目の可愛さを重視して選んでいました。しかしチクチクとかゆみにつながったり、汗をかいた後に蒸れ、そのまま冷えにつながったりと、肌にストレスを与えていたのです。

いまは、薄手のオーガニックコットンのものを1年通して愛用しています。夏は蒸れずに通気性がよく、冬は空気をはらんで温かい。さらにしっとりと保湿力があるのも優秀です。また着るほど、洗うほどにふわふわになり、気持ちがいいのです。

ナチュラルな色味も、最初は物足りないのですが、慣れてくると、この自然の色を見るだけで不思議と気持ちがほっと安らぐように。インナーこそナチュラルな色がここちいいと思うほど、潜在意識が働き出します。

デザインは、きちんとお腹が隠れるものを愛用し、ニットパンツやレギンスなどと重ねて、お腹まわりと腰、お尻をしっかり温めて着ています。とくにタイツは化繊の締めつけが強いものが多いので、オーガニックコットンに変えると、気持ちのよさに驚きます。かゆみや乾燥、静電気といった冬の悩みを防ぎ、ふんわりフィットしてとても温かく、何度も洗って使えます。タイツは穴が開きやすく買い替えが多いアイテムのひとつですが、コットン製であれば、消耗品からレギンスやボトムスの位置に昇格です。

オーガニックコットンは繊維が毛羽立ち膨らんでいるので、その分、吸水性や吸湿性が高いといわれています。また空気の層ができるので、重ね着するととても温かいのが特長です。夏はさらっと、冬はしっとり。重ね着をして、好きな肌触りを選んでください。

好みの肌ごこちを探してみて

服を選ぶとき、自分自身が着ごこちのいい素材を追求していくことは、何よりの贅沢です。デザインを重視して、素材は化繊でもいい、多少チクチクしてもしょうがない、静電気をスプレーで無理やり抑える、なんて我慢をするのは、若いときだけで十分。これからはファッションを楽しむのにも、上質な肌触りという価値感を加えたいものです。

するとトレンドを追いかけていくより、長くたいせつにするお気に入りのアイテムを増やしていくことが楽しくなります。

選ぶときは、自分に似合うことと、着ごこちがいいもの。おのずとスタイリングはより上質に、シンプルに。私の場合、基本のスタイリングは天然素材です。どんなアイテムも呼吸をしているように軽くてここちいいので1年を通して快適に着られます。そこへプラスするのは、カシミヤのニットや、シルクのブラウスなど、差し色として活躍するもの。どれも長く愛用したいという目線で選ぶので、本当に気に入ったものを厳選できるようになりました。

いくらおしゃれでも、着ている服の素材や風合いを見ると、そのひとが見た目を意識しているのか、着ごこちを重視しているのかがわかります。天然素材のものを重ね着したり、1年を通して上手にここちよい素材のものを着ている方は、自分らしいおしゃれを楽しんでいる方が多い。自分のスタイルを持ち、着ごこちをたいせつにしている方は、見た目重視の方よりも、一歩も二歩も大人のおしゃれ、本当の豊かさを知っていると感じます。

自分らしいスタイルを持ちながら、いつもストレスフリーな感覚をたいせつに。これが買い物をするときの指針です。

知ってしまった
好みの肌ごこちはやめられない

レギンスは股上で選ぶ

からだが冷えている方、生理痛に悩む方が多いようです。その要因は、とくに下半身。自分でお尻を触ってみると、驚くほどひんやりしていることはないでしょうか。常に子宮まわりからお腹、腰まわりまでしっかり温めることが、年齢を重ねるうちにたいせつになります。

そこで活用したいのが薄手のレギンスです。気持ちがよくて、やさしく包み込んでくれる上質なもの。手頃な値段でよくあるのは、化繊入りのストレッチが入った、ぴたっとフィットするタイプ。血行を妨げるほどの締めつけは窮屈なので、ゆるやかで上質なコットン素材を選びたいものです。

理想は、私が「腹巻丈」と呼んでいる、股上がおへその上までくるような、深め

のデザイン。締めつけすぎず、付かず離れずゆるゆるとフィットする、第二の皮膚のような感覚のもの。これが一度はくと、たまらなく気持ちいいのです。

もちろん寝るときは、愛用しているナイトドレスの下に必ずレギンスを合わせて、しっかりと下半身を温めます。寒い冬は朝、脱ぎたくなくて、そのままボトムを重ねばきしてしまう、という方が多いほど。私も下半身が冷えないように、ボトムは2枚ばき、さらに足先はソックスの重ねばきです。

ゆるやかなレギンスの便利さを知ると、手放せなくなる理由はもうひとつ。下半身が温まると、安心感があるからです。忙しいときや、テンパると頭に血が上りますが、お腹から温めていくと、血流が循環し、降りてくるような感覚があります。

レギンスくらいで？　と思うかもしれませんが、習慣にすると自然と地に足がつき、気持ちが落ち着き、安定してくるのです。

股上が深くてゆるめのレギンスをはくと
安心します

ブラジャーは「よせて、上げて」ではもはやない

ランジェリーは、体型をサポートするタイプがほとんどです。ラグジュアリーな気分になれるレースがついた下着は、化繊やワイヤーなどが使われていて、長い時間つけていると、何かしらのストレスを感じます。バストメイクすることもときには必要ですが、スケジュールによってはリラックスする日があってもいいのではないでしょうか？　私はもう「よせて、上げて」のワイヤー入りには戻れず、すっかりノンワイヤー派。以前はブラジャーがずれたり、肩こりがひどかったりしたのですが、いまはストレスフリーです。

下着は部分的に締めつけ、血行不良の原因になるので、できるだけやさしいつけごこちのものを選ぶようにしたい。帰宅後にブラジャーを早く外すと、乳がんの発

症率が下がるという研究結果があるように、着用時間は短くしたいもの。特にワイヤー入りのブラジャーは心臓近く、脇の下のリンパに近い部分を締めつけるので、血行不良による肩こりや、顔色を左右する新陳代謝にも影響があります。

ショーツも同じです。最近ではふんどし型パンツが人気だといいますが、下半身のむくみ対策にも締めつけは厳禁です。ゴムの部分はかぶれや色素沈着の原因に、化繊素材は蒸れや冷えにつながります。そこで、足の付け根を締めつけない、足ぐりがきつくないものを選んでください。ナナデェコールでは、いずれも肌に当たらないようにタグは外側に、ゴムは生地で包むか、オーガニックコットンの糸を巻いたタイプを使用。内側がストレスフリーな状態を目指して作られています。

最近ではナイトブラをする方も多く、肌に直接つけるランジェリーは、やさしいつけごこちのものを選びたいですね。

締めつけないからずっとつけていられる
ナイト下着としても◎

サポートグッズより自力でケアを

トイレが和式から洋式に変わったことで、女性のお尻や膣の筋力が低下し、便秘や尿漏れ、さらには子宮脱などの病気が増えているそうです。また妊娠時のお助けアイテムである下腹のベルトは、し続けると筋力が下がり、なしではお腹を支えられなくなるように。自分を甘やかすような生活がからだを変えていきます。

私は何かに頼るより、自分でケアをして鍛えておきたい。そのために、運動に加えて入浴後の簡単なマッサージを習慣にしています。オーガニックのオイルやクリームを使い、足先からヒップまで、ひざの裏やそけい部のリンパ節に毒素を流すイメージでマッサージ。短時間でも続けるとむくみがかなり改善します。バストも脇の下のリンパ節やお腹をほぐしながら、マッサージすると血行がよくなります。

どうして気持ちよく眠れるのか

眠るときに、オーガニックコットンに着替えるだけで、私はずいぶん救われました。

その体感を裏付けているのが、寝ている間に分泌されるホルモンの力です。私たちは、お腹が痛いときに誰かに手でさすってもらうと痛みが和らぐ、悲しいときに背中をなでてもらうとほっとする、ということがあります。それは脳の指令で安らぎのホルモンが分泌されているから。ホルモンによって、気持ちが瞬時にほぐれ、気持ちいい、肌触りがいい、という感触を得られるのです。

同じように、寝ている間にやわらかい肌触りに身を包むと、寝返りを打つ度にここちよさが脳に届き、癒しのホルモンが分泌されます。

皮膚と脳は、受精卵が細胞分裂する際に同時期に生まれ、よく似た仕組みを持っています。そのため皮膚は「第三の脳」ともいわれるほど、多くを感じ取ります。鳥肌が立つ、肌が合うなど、感情やまわりの状況を察知しているかのような、独自の感覚。私たちが思っている以上に、皮膚がまわりの環境を感じ取り、直感的に私たちの脳へ情報を届け、ホルモンを活性化してくれるのです。

私が実感として、ただ着て寝るだけでからだがほぐれたのは、寝ている間に包まれているやわらかな肌触りを肌が感じ取り、脳がホルモンの分泌を促したから。疲れが取れる、ストレスがリセットされる、という睡眠中に行われる営みも、すべてが脳の指令により分泌されるホルモンのおかげ。

ナイトドレスを着たときの独特の安心感は、ここから来ているようです。私たちは年齢を重ねるほど、ホルモンの分泌量が減っていきます。着るものを変えるだけ、やさしさに包まれて眠るだけで潤いをキープできるとしたら？　肌が着ごこちのよさを欲するのは本能かもしれません。

普通のコットンはすでに天然ではない!?

「コットン」は、天然素材だと思ってきました。それがオーガニックコットンに出会い、どうして必要なのかを追求していくうちに、コットンは植物だということ以外、とても天然とは言い難い、複雑な背景を背負っていることを知りました。

綿花は、大量の農薬を必要とする作物です。収穫時に枯れ葉剤を散布し、葉や茎を枯らせてコットンボールを収穫します。先進国ではヘリコプターで大量に散布。しかしインドなどでは、これを手作業で行う農家もあるため、農民と家族の健康被害が深刻化しています。また農薬や種、化学肥料を買うための借金苦、児童労働、土壌の砂漠化など、生産者の命を削るような問題が蔓延しています。

ふわふわの綿花には油分が含まれ、種を雨から守っています。それを薬剤で脱脂、漂白をし、糸を紡ぎ、生地を織り、染めやプリントを施し、ボタンやジッパー、タグなどをつけて縫製し、完成。これが数千円で売られている世の中です。

オーガニックコットンは、3年以上化学薬品や化学肥料を使わずに栽培され、枯れ葉剤を撒かずに、自然の摂理に合わせて収穫されます。製造過程も、化学薬品を使わず、労働条件なども管理します。環境や人権、さまざまな矛盾を解決するために、世界中の異なる立場の作り手が、力を合わせて取り組んでいます。

このように丁寧な過程で生まれたものだからこそ、温かみがある風合いが生きていると感じます。眠るときのパジャマ、日常を共にするインナーウエア、自分の肌に直接当たるものこそ、私はここちよいものを身につけたい。ファッションという華やかな世界とは裏腹に、苦しむ人々がいることを伝えたい。

オーガニックコットンの普及は、まだまだコットン生産量全体の1%にも満たない僅(わず)かなもの。しかしコツコツと、みなさんに伝えていくことで、必ず多くの問題が、解決へとつながると思っています。

普通のコットンは農薬や枯葉剤で痛めつけられている

人生に寄り添う、特別な存在のナイトウエア

一般的なコットンは、洗って乾かすと硬くなりやすいので、柔軟剤を使う方も多いと思います。ところがオーガニックコットンの生地は、糸が起毛しているので、洗えば洗うほど、ふわっとやわらかな風合いが増していきます。

着込む度にここちよくなるので、自分らしい肌触りを「育んでいく」ような感覚。次第に自分好みに変化し、新品よりも何回か洗濯したものを着るほうが、気持ちが落ち着きます。

自分のナイトウエアコレクションを見ると、疲れているとき、忙しかったとき、旅先や、出産の病院でと、いろんなシーンで自分を包んでくれた思い出すらよみがえります。長年、自分と寄り添ってくれた特別な存在に、愛着が深まるばかりです。

着れば着るほどやわらかく、愛着が湧く

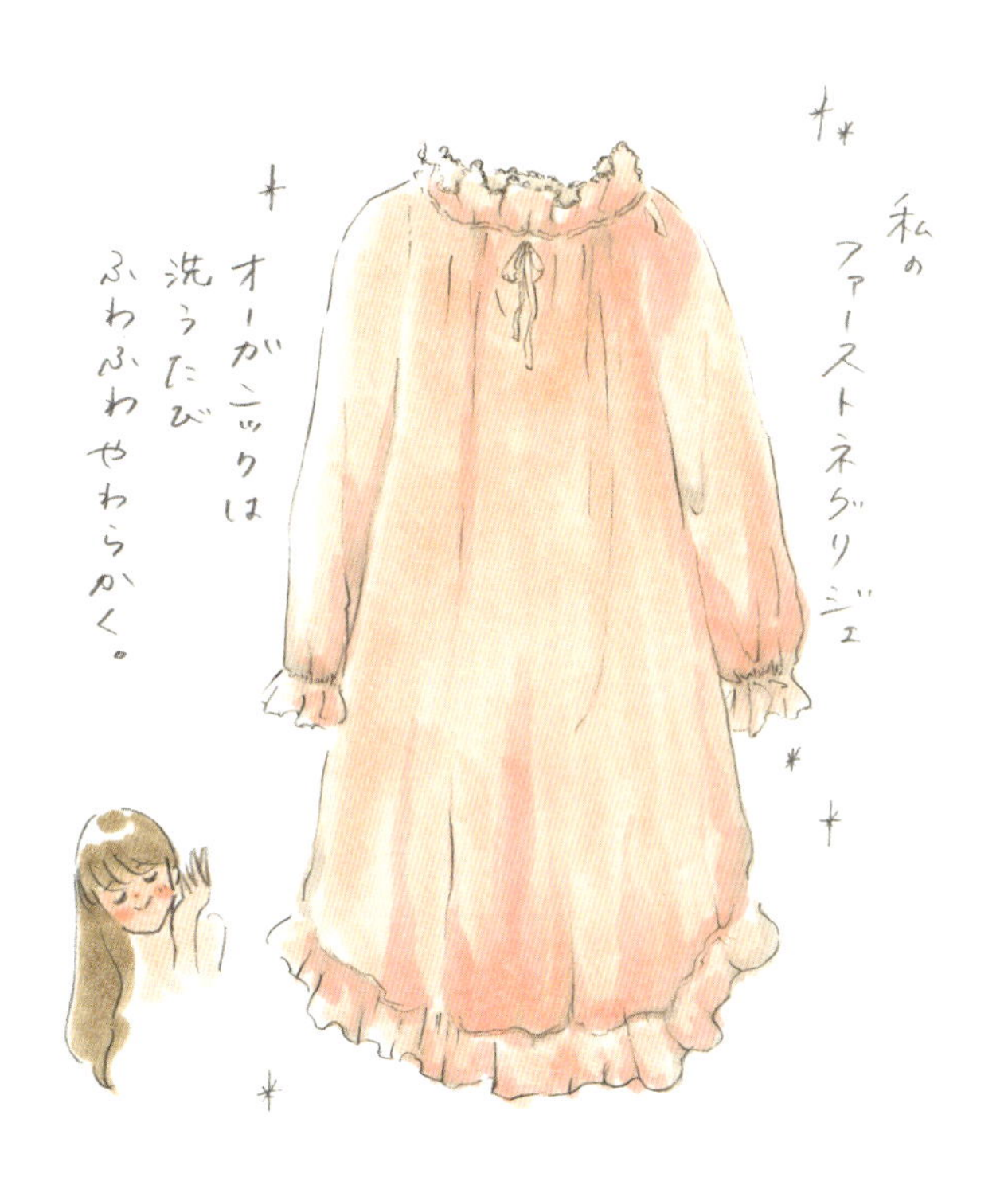

私のファーストネグリジェ
オーガニックは
洗うたび
ふわふわやわらかく。

第6章

こころがけ

まいにちをポジティブに生きることは、ストレスを溜めずにゆるめていくためにもたいせつ。物事のとらえ方や、こころの持ちようひとつで、まいにちの気分が変わってくるのです。

ゆるめるMemo

ヨガは呼吸に意識を向けながら、ポーズをとり、自分の中を静かでからっぽの状態にリセットしていきます。からだだけでなく頭の中をリフレッシュするにも効果的。瞑想も同じように、静かに座りゆっくり呼吸をしていきます。目の前に出てきた映像や思いに入りこまず、客観的に見過ごしていけるようになると、より深く長い瞑想に。どちらもこころを鎮めることができます。

本気で生きる
自分だけの自分らしい生き方

ひとは社会のつながりの中で、何かしらの役に立つことを生きがいとしています。自分のしたことに「ありがとう」と言ってもらえることの積み重ねで、心が満たされるといいます。ですから、社会とつながりたいと思うのは、人間の本能です。自分の一生は一度きり、いま、この瞬間はいまだけです。ぜひ自分の好きなことは何か、どんな仕事に就きたいか、自分に質問をしてみてください。

人生の大半を使う仕事の時間。自分が何の役に立てるか、何をやれるかを重ね合せて、仕事を選んでいく時代になりました。だからこそ私はみなさんに、できるだけ自分の「好き」を仕事にすることをおすすめします。

自分の物足りなさを前向きにとらえ、学び続けることも喜びのひとつ。資格を取ることも「この資格を取れば、何かできるかもしれない」ではなく「これをやるために、この資格が必要」とやりたいことを先に考えると楽しみが増えます。

いまの仕事や環境を一旦置いておいて、3年後に何をしていたいか、自由にライフプランを紙に書いてみてください。どこに住んで、どんな人と、どんなことをしていたいか。具体的であればあるほど実現しやすくなります。

そして3年後、到達するには、経験が必要なのか、仕事は変えたほうがいいのか、現実的にシミュレーションをします。突拍子のないことでも、そこへ行くために「いまするべき」ことが見えてきます。一度しかない自分の人生です。本気で、真剣に、自分の目標に取り組んでみてください。小さなアクションでも必ず何かの結果につながります。タイミングがぴったりと重なる瞬間が、遅かれ早かれ必要なときにやってきます。

「時間がないからできないという人は、時間があってもできない」という言葉があります。「ねばならない」を手放してみましょう。

シンプルに過ごす

美しさには人柄が映し出されます。年をとるほど、どういう考え方をしているかが、顔に表れてきます。いつでも自分の「好き」を追求して、人生を楽しみ、自分なりのスタイルのある女性でいたいと思います。

年齢に合わせて、からだに合った食べ方や、睡眠の取り方、運動を続け、生活を工夫していけば、いくつになっても元気できれいです。

肌本来が艶やかであれば、濃いメイクも不要。食べ物も、新鮮な食材をさっと料理したほうが、美味しい場合もあります。ひとの噂ではなく、自分自身が見聞きした情報を信じることもたいせつです。情報過多の時代だから、できるだけものごとを複雑化させないよう、シンプルにとらえたいものです。

「忙しい」を、ストレスから充実に変える

忙しくて自分に余裕がないと、仕事や人に対してシリアスになりすぎて、些細なことが気になってしまいます。考えすぎて被害妄想が広がっていくと、気持ちまで乾いてきてしまいます。

反対に、忙しさを楽しめる人や、少しでも自分の時間を見つけてリラックスできる人は、いつでも自分らしさをキープできます。「仕事が気になって寝られない……」「子育てで、想像していたよりも時間がない……」私たちの生活の中では、想定外の出来事がいつも起こります。思うようにいかないことが、負担やストレスになるのです。

私はいつの間にか、体力的な疲れや消耗はあっても、あまりストレスという大き

なものにとらわれないような考え方が、自然と身についていきました。きっと何かアクシデントがあったり、過酷なほど忙しい時期に入っても、どこか客観的な自分がいて、上から自分を眺めている。俯瞰で見渡しているようです。

何事も起こるべくして起こるもの。「どうしていまこの状況になっているのか」「この先のどういう未来につながっていくか」「これを頑張れば、誰が喜んでくれるか」と、試練を乗り越えられたら次に進める何かをイメージしています。

どんな出来事もとらえ方次第です。いま起こっている現実は、何かのサイン。目の前にあることを読み解き、それをストレスではなく、将来への糧ととらえる。そんな客観性が、不思議と自分の置かれた環境を100%頑張るエネルギーに変えてくれます。

「どうしてこうなってしまったのか」「あのときこうしていれば」と振り返ることは大事です。それは後悔ではなく、「今度はこうしよう」と同じ間違いを起こさないための反省です。後悔や事実に固執し悶々と考えこむと、前向きな思考に気持ちを切り替えることができなくなります。落ち込んでいるときはなかなか難しいものですが、ダメな自分を、まずは自分が許してあげてください。

「疲れているな」「うまくいかない時期なのかな」と、その状況を俯瞰していけるようになると気持ちが楽になります。

何か事件が起こる度、試練を乗り越えた回数のぶん、自分の器は確実に広がります。ですから起こってしまった出来事に蓋をして、なかったことにするのは、絶対にやってはいけない。次に同じミスや、嫌な思いをしないようにするためにも、反省をして、改善点を自覚し、前を向いて進みたいものです。

どんなことも俯瞰するクセをつけると、ストレスさえも「生きている」醍醐味であり、充実感に変わってきます。「人生いろいろ、こんなこともあんなこともある」「とにかく頑張ろう！」と思えるように。次第に「自分らしく生きている」という、濃い人生を楽しめるようになっていきます。

ストレスさえも
「生きている」醍醐味に！

頑張りすぎない

女性はとくに、つい頑張りすぎてしまう傾向があります。

私はファッション雑誌の編集の仕事をしていたとき、何事もソツなくこなすことに執着していました。できるのが当たり前だと、まわりにも求めていました。

自分にはすぐできることでも、やり方が違うひともいる。時間をかけて、丁寧にやるひともいる。それを本当の意味で、そのひとなりの個性であり魅力だと認められるようになるまで、時間がかかりました。

また自分ができないことを「できない」ときちんと伝えられるようになったのも、かなり大人になってから。いまでは会社でも、自分の状況を正直に申告する文化を根づかせています。これは間に合わない、作業が追いつかない、と気づいた時点で早めに伝えます。それを誰かがフォローすればいいのです。ギリギリまで抱え込んでできないほうが、まわりに迷惑をかけます。

たとえば、産後仕事に復帰すると、誰もが最初はできると思っていたことが、思うようにできない。時間制限にあせり「こんなはずじゃなかった」と現実にぶち当たります。ひとに迷惑がかかると自分を責めたり、プレッシャーに悩んだりする。真面目な人ほど完璧主義者なので、日々ストレスを抱え込みがちですが、しょうがないこともあります。割り切れるよう、ゆるめる努力が必要です。

大変なことや無理を抱え込まずに、ときには甘えることも裁量です。何事もお互い様ですから、助けてもらったら、今度は誰かを助けてあげればいい。仕事仲間や友人に困っていることを伝えて、相手の懐に入る勇気もたいせつです。

さまざまな情報が携帯で得られるいま、ひとと会話をしなくても生きていける、孤立しがちな世の中です。情報が蔓延していて、息を抜きにくい時代だからこそ「頑張らないこと」「誰かに頼ること」も自分を守る手段になります。

しょうがないこともある、という
割り切りも大事！

思いや執着を手放す

〝断捨離〟という考え方が定着してきましたが、私も日々、意識的に自分の抱えているものを整理するようにしています。

日常的に、さまざまなことをぎゅうぎゅう詰め込んでいる頭の中も、定期的に整えるようにしたい。インプットとアウトプットのバランスを保つことで、いつもフレッシュな自分でいたいと思います。

たとえば、凝り固まって視野が狭くなっているときは、とにかくリフレッシュ。好きな映画を観る、旅行に行く、お風呂にゆっくり入る……何でもいいので、自分を喜ばせてあげます。

忙しく時間がないときは、電車の中でも眠る前でも、私は好きなビジュアルを見ながら空想の旅に出ることにしています。好きな服、インテリア、器や花、行きたい場所など自分の中にある「好き」を追い求める時間を持つようにすると、より感性が研ぎ澄まされます。それだけで瞬時に気持ちがリセットできて、ワクワクとした希望に満ちてくるのです。

いま話題のマインドフルネスの基本は、目の前にあることを味わうこと。女性はとくに、何かをしながらも、あれこれ先の段取りを考えていることが多いですよね。それが同時にできるのが、女性のすごいところでもあります。しかしたいせつなのは、いまの自分です。いま、この瞬間を味わうこと。

毎朝10分の瞑想、ヨガで心を落ち着かせるなど、自分を味わう静かな時間を持ちたいもの。習慣にしていくと、頭が整理されて「いま」が見えてきます。

パンパンに詰まった頭は固執しがち。「なんであんなことにこだわっていたのだろう」と、執着や思いを手放すように、定期的に自分をリセット。意外と、手放した瞬間に、必要なものが手に入ってきたりするものです。

パートナーや家族が本音を言える場所をつくる

男性は女性よりもプライドや責任感が強く、見栄や競争社会の中で仕事をしているので、ストレスを溜めやすい傾向があります。実はナイーブで繊細なひとが多いものの表に出せず、不器用で発散もできない。忙しくなると、こころとからだのバランスを保つのが難しくなります。週末も寝っぱなし、お酒が増える、キレやすくなるのは、精神を解放したいからこそ。男性も癒しを求めているのです。

自立している女性が増えていくこの時代。お互いの悩みやしんどさ、強がりを理解してあげることも必要です。夕食のときに自分から話を持ちかける、手伝ってくれた家事にお礼を言うなど。外では複雑で疲れる世の中ですが、家族がここではホッと本音が言える、そんな場所をつくっていきたいものです。

自分がゆるめば、
相手のことも受け止められます

幸せをシェアする

オーガニックコットンを普及させることは、子どもたちの未来に光をもたらすことへとつながっていきます。
環境へのダメージ、農家の方の健康被害、児童労働や搾取、製造過程の化学薬品の使用、安価で販売するための違法就労などつくる側の問題の解決。さらにアレルギー、不妊、不眠、ストレスといった、着るひとのからだをやさしくサポートできること。たかがコットン、されどコットン。私を含めて、オーガニックコットンの着ごこちに救われた人がたくさんいます。
最近ではナナデェコールのリボンつきのミニタオルが、大事な日のお守りだという方が多くなりました。肌触りにホッとする、自分らしさを取り戻せると、緊張するシーンのときに、触っているだけで安心するというのです。

ブランドの設立当初からたいせつにしてきた、ひととひと、家族、社会、さまざまな縁を結ぶリボンのモチーフ。このミニタオルのリボンも、就労福祉施設で作られたもので、社会のつながりを象徴するもの。みなさんのご縁が結ばれるように、気持ちを込めて作られたリボンたちです。自分で使うことでつながりを持ち、差し上げることで幸せをシェアすることができます。

私たちは、ものを多く持つよりも、何にお金を使うかに真価が問われる時代にいます。本当に好きなもの、ここちがいいもの、長く愛せるものを、多くの情報の中から自分で選んでいく目が必要。それにお金を払うことで、一票を投じるのです。そのために、自分をシンプルにして、からだとこころをゆるめておくこと。すると本能的に、必要なものを引き寄せる感覚が研ぎ澄まされます。

「幸せの循環」という価値観を持って、その先にある幸せをきちんと見つめていきたいものです。

ナナデェコールを始めてから10年以上、
頑張りすぎてバランスを崩す女性たちを見てきました。
そんな女性たちに少しでもゆるんでほしいと、
私がゆるんできたコツが何かのヒントになれば、
という思いでこの本を書きました。

私自身は1枚のナイトドレスをきっかけに
自分らしく生きる、という価値観を知りました。
ここちよさに身をゆだねた結果、食べもの、着るもの、
考え方や仕事の仕方、習慣までもが変わりました。

「オーガニックは何だか難しい」「ストイックそう」
というイメージがあるかもしれません。
でも私が考える「オーガニック」は肌にもこころにも、
そして環境にもやさしさを持ってつながっていくものです。

女性たちをゆるめたいという私の気持ちを後押ししてくれた
ワニブックスの青柳さん、川上さん、エディターの山村さん、
そして楽しいイラストを添えてくださった横峰さん、
本当にありがとうございました。
前著の『My Organic Note』を読んだ方からは、
もっとオーガニックを身近に体験できるような
場が欲しいという声をいただき、
今後は「My organic labo」という名前で
さまざまなワークショップやマーケットを開催予定です。
これからも、ゆるやかに自分らしく、
人生を楽しむ女性たちを応援していきたいと思います。

2018年3月　神田恵実